Elisabeth Furtwängler

ÜBER WILHELM FURTWÄNGLER

mit 4 Abbildungen

1979

F. A. BROCKHAUS WIESBADEN

Umschlag und Einband nach Entwurf von Friedrich Poppl

© F. A. Brockhaus, Wiesbaden 1979. — V. Nr. W 1421 — ISBN 3-7653-0307-0. —
Printed in Germany. — Alle Rechte vorbehalten. Ohne ausdrückliche Genehmigung des
Verlages ist es nicht gestattet, das Buch oder Teile daraus photomechanisch zu vervielfälti-
gen (Photokopie, Mikrokopie). — Satz und Druck: Carl Ritter & Co., Wiesbaden.

0,15

Inhalt

Vorwort

Die Anregung zu diesem Buch ging — schon vor vielen
Jahren — von Daniel Gillis, Professor an der Universität in
Haverford, aus, der 1965 »Furtwängler Recalled« und
1970 »Furtwängler and America« in den Vereinigten Staa-
ten herausgegeben hat.

Im Sommer 1977 bei Gillis' letztem Besuch hatte ich
noch immer nichts niedergeschrieben. Er veranlaßte mich
nun, meine Erinnerungen an Furtwängler jedenfalls auf
Band zu sprechen. Als ich dann die abgetippten Bänder las,
stellte ich fest, daß das gesprochene Wort sich sehr weit vom
geschriebenen unterscheidet, und ich nun doch alles neu
formulieren müßte. Das hatte den Vorteil, daß mir während des Schreibens noch viele ergänzende Gedanken kamen. Die Bandaufzeichnungen waren dabei eine Art
Leitfaden.

Furtwängler war zwar kein verschlossener Mensch, aber
ein sich häufig verhüllender, seine Verletzlichkeit gebot das
wohl. Auf der anderen Seite war er von großer Natürlichkeit und entwaffnender Ehrlichkeit.

Ich wäre glücklich, wenn es mir gelungen ist, Seiten aufzuzeigen, die das bestehende Bild des Menschen und Künstlers noch erweitern, und die wert sind, bekannt zu werden.

Clarens, im Mai 1979

E. F.

Der Komponist

Es gibt sehr viele Dirigenten, auch viele Solisten, die unter dem Einfluß der großen Kunst, die sie wiedergeben, und mit der sie sich dauernd beschäftigen, das Bedürfnis haben, zu komponieren, und — wie man so sagt — Kapellmeistermusik machen. Das war bei Furtwängler anders. Der Knabe schrieb Noten, bevor er Buchstaben schreiben konnte. Alles in seiner Kindheit deutete darauf hin, daß er Komponist werden würde, seine ganze Ausbildung war darauf ausgerichtet. Er selber hat sich sein ganzes Leben in erster Linie als Komponist gefühlt. Bis zu seinem vollendeten 14. Lebensjahr entstanden Lieder, Sonaten, Trios, ein Streichquartett, sogar ein kleines Chorwerk. Daß sich ein Jüngling mit dieser Begabung im Kreise seiner Kameraden, trotz aller Sportlichkeit, über die er auch verfügte, einsam fühlte, fühlen mußte, ist begreiflich. So schreibt Bertel Hildebrand über ihn: »Die Bergwelt liebte er, ihre weite einsame Größe paßte gut zu ihm, denn er hatte sehr stark etwas Einsames trotz seiner Liebesfähigkeit, etwas Ringendes in sich, was seine Welt einsam machte.« Sein Vater schreibt

über den Jüngling von der Selbstkritik oder Selbstzerflei-
schung, die ihn sehr quäle. Darin hat Furtwängler sich auch
sein ganzes Leben nicht geändert, er war immer voller
Selbstkritik.

Joseph Joachim, Felix Mottl und auch Max Reger, die
Kompositionen des Knaben Furtwängler kennenlernten,
vermißten damals das handwerkliche Können; sie kritisier-
ten, daß er etwas anstrebe, was über seine Jahre hinausginge.
Mottl erkannte, daß die *Missa Solemnis* ihn offenbar beein-
flußt habe, was er bedenklich fand. Später, 1906, als Furtwängler sein erstes Konzert dirigierte, war sein Lehrer und
Musikpädagoge Walter Riezler zugegen. Furtwängler dirigierte neben Bruckners neunter Symphonie den ersten Satz
seiner ersten Symphonie, die nie fertig wurde. Über diesen
Symphoniesatz sagte Walter Riezler: »Das Anfangsthema
des Satzes, eine über einen Orgelpunkt kaskadenartig in die
Tiefe stürzende Tongestalt, ist wie eine Musik gewordene
Vision aus der Welt von Michelangelos ›Jüngstem Gericht‹.
Dies über einen ganzen Symphoniesatz durchzuhalten, war
dem jungen Furtwängler noch nicht gegeben, aber die Konzeption war gewaltig. Nur eine im tiefsten tragische Natur
konnte solche Töne finden, und als solche hat er sich auch
zeit seines Lebens empfunden.« In diesen Jahren komponierte er das *Te Deum*, das 1910 in Breslau von Georg
Dohrn uraufgeführt wurde. Im selben Jahr dirigierte Furt-

wängler es in Straßburg. Damals hörte es der junge Klempe-
rer und war so beeindruckt, daß er darüber voller Anerkennung an seine Eltern schrieb. Karl Straube, der Thomaskantor in Leipzig, war von dem *Te Deum* sehr eingenommen. Er
war wirklich der Mann, der es beurteilen konnte, er führte es
1915 auf. Hermann Abendroth dirigierte es in Essen. Aber
das *Te Deum* war kein Erfolg bei der Presse, und schon jetzt
zeichnete es sich ab, daß Furtwängler zwar immer weiter
komponieren, dem Dirigieren aber nach außen den Vorrang
geben würde. Er selber schreibt über seine damalige Situation 1946 an Ludwig Curtius: »In Wirklichkeit war das
Dirigieren das Dach, unter das ich mich im Leben geflüchtet
habe, weil ich im Begriff war, als Komponist zugrunde zu
gehen.« Es gibt auch Berichte aus der Lübecker Zeit von
Freunden, bei denen er häufig musizierte. Er glaubte sich
allein im Zimmer beim Klavierspielen und merkte nicht, daß
er beobachtet wurde, wie er plötzlich abbrach und den Kopf
auf das Klavier senkte mit dem Ausdruck »größter Verzweiflung«, wie der Beobachter voll Erschrecken berichtet.
Als die Tochter des Hauses heiratete, schrieb er ihr im Jahre
1920 einen Brief, in dem er gratulierte und noch nachträglich dankte für die Zeit, die er im Hause der Mutter zubrin-
gen konnte. ».. Sie haben einen unglücklichen Menschen
häufig getröstet...« Nun muß man wissen, daß Furtwängler ganz unsentimental war, keine romantische Gefühls-

trauer umgab ihn, es war die Tragik des Wissens, daß er sich »gegen die Zeit« empfand. Als er die Stellung in Mannheim angenommen hatte, schreibt er 1915 an Karl Straube: »Über meine Hofkapellmeisterei in Mannheim werden Sie gewiß sehr unzufrieden sein« — weil er wußte, daß Straube ihm dringend riet, weiter zu komponieren —. »Ich habe die Sache tausendmal erwogen, und ich komme dazu, daß ich mich nicht für berechtigt halte, eine so große äußere Verbesserung, die mir geradezu in den Schoß fällt, zurückzuweisen. Und im Grunde sehe ich die Sache als eine wesentliche Verkürzung meiner Kapellmeisterzeit an. Ich bin überzeugt, daß ich in zwei Jahren so weit bin, wie ich eigentlich will, nämlich entweder die mir zusagende Konzertdirigentenstelle, die mir zur eigenen Arbeit Zeit läßt, oder die Möglichkeit des ehrenvollen Ausscheidens aus dem Beruf.« Wir wissen, daß das nicht so kam. Wir wissen, daß dieser Beruf weiter ihm kaum mehr Zeit ließ, und daß es 18 Jahre dauerte, bis wieder eine Komposition vollständig abgeschlossen war und zur Aufführung kam.

Nach seinen Mißerfolgen als Komponist scheute er auch die Öffentlichkeit, denn es lag in seiner Natur, daß er sich verhöhnt fühlte. Auf der anderen Seite entdeckte er seine Begabung, als Dirigent die Menschen in Bann zu schlagen, mehr Erfolge zu haben als viele seiner älteren Kollegen. Das bedeutete, neben der Freude an der Arbeit mit der großen

Musik, eine persönliche Genugtuung und auch eine Versuchung. In seinem Herzen spürte er zwar, daß er vieles damit verriet, und unter diesem Dualismus hat er Jahre gelitten. Erst etwa in seinem letzten Lebensjahrzehnt hatte er die Kraft auszugleichen, seine zweite und dritte Symphonie zu vollenden und doch seinen ihm immer lästiger werdenden Verpflichtungen als Dirigent nachzukommen.

Hier muß ich einfügen, daß der Dirigent Furtwängler, gerade weil er sich als Komponist betrachtete, sich sehr für die Kompositionen seiner Zeitgenossen interessierte und sie auch zu Gehör brachte; das läßt sich leicht nachprüfen, denn wir haben ja, jedenfalls von seinen Berliner Philharmonischen Konzerten, eine genaue Aufstellung. Im Gegensatz zu seinem Vorgänger, dem von ihm hochverehrten, ja einzig verehrten Arthur Nikisch, der sich für zeitgenössische Werke weniger interessierte, führte Furtwängler in Berlin allein 124 zeitgenössische Kompositionen auf. Schon in Mannheim hatte er sich um neue Opern bemüht. Es gibt Briefe an den jungen Erich Korngold, worin Furtwängler ihn um eine Oper für Mannheim bittet. Konsequenterweise wurde Furtwängler 1932 zum ersten Präsidenten der Internationalen Gesellschaft für zeitgenössische Musik in Deutschland gewählt. Er hat unter anderem die Erstaufführung von Strawinskys *Sacre du Printemps* in Berlin geleitet und dort Bloch, Casella, Honegger unter anderen vorge-

13

stellt. Arnold Schönberg schreibt an Anton von Webern 1928: »Ich stehe jetzt in guter Verbindung mit Furtwängler, der in Berlin die Uraufführung meiner Orchestervariationen (Variationen für Orchester op. 31) am 2. 12. macht. Er gefällt mir eigentlich danach wirklich sehr gut. Es ist merkwürdig, daß ich oft gegen Leute, die sich später sehr gut gegen mich benehmen, anfangs so gereizt bin. Ich habe mich bisher gegen Furtwängler immer wie ein ›Bosel‹ benommen, obwohl er sehr nett war, man sollte ihn ernster nehmen. Ich bin nur immer so mißtrauisch gegen frühe Erfolge.« Vor allem lag Furtwängler daran, ein modernes Werk so aufzuführen, wie der Komponist es sich vorgestellt hatte. Da gibt es auch einen Bericht von Frau Schönberg: »After a rehearsal, through the duration of the dinner and until we left, the conversation was but questions in regard to how he should conduct a piece, he wanted to do it in the intention of the composer, who incidentally was Schönberg.« Und Boris Blacher erzählte mir, wie erstaunt er war, als spät abends nach der Aufführung seiner *Concertanten Musik op. 10* im April 1954 das Telefon läutete, und Furtwängler wissen wollte — da Blacher nach dem Konzert nicht ins Künstlerzimmer gekommen war —, ob er irgend etwas nicht im Sinne des Komponisten gemacht hätte, und wenn ja, dann bäte er ihn doch, die Stelle anzugeben, denn er wolle das Stück bei der anschließenden Reise mit dem

Berliner Orchester in Paris vorstellen. Boris Blacher war sehr betroffen, er hatte zu viele Menschen nach dem Konzert im Künstlerzimmer gesehen, aber jetzt mußte er ihm sagen, daß zum allerersten Mal in seinem Komponistenleben ein Dirigent sich bei ihm erkundigte, ob er es dem Komponisten zu Recht aufgeführt habe. Furtwängler antwortete: »Ja, vielleicht weil ich selber Komponist bin und weiß, was es heißt, seine Haut zu Markte zu tragen.«

1949 schreibt Furtwängler: ». . . zu behaupten, wie es in tendenziöser Weise immer wieder geschieht, ich lehnte die moderne Musik in Bausch und Bogen ab, ist geradezu lächerlich. Ich würde es mir selber nie verzeihen, wenn ich nicht mit tiefster Anteilnahme den Lösungen und Bemühungen der Strawinsky, Honegger, Hindemith, Bartók und so mancher anderer begegnete. Daß ich aber mein eigenes Urteil modernen Werken gegenüber so wenig zu verbergen wünsche wie alten gegenüber, ist richtig. Das, was ich höre, das, was aus der Musik kommt, ist das Wesentliche. Nicht, was ich darüber denke oder lese. Im richtigen, wohlverstandenen Kontakt mit dem Publikum wird auch die moderne Musik immer ihr Leben führen.« Furtwänglers eigene Kompositionen sind nicht anachronistisch, wie manche Kritiker behaupten, es ist nur, wie Walter Riezler schreibt, Musik von einer solchen Unerbittlichkeit, solchen Ansprüchen an die Hörer, daß häufig ein Erschrecken die Folge ist.

»Welche Abgründe von Tragik öffneten sich hier, welches Pathos des Schmerzes und der Leidenschaft, welche Wucht der Steigerungen und Zusammenbrüche drang hier auf die Hörer ein: An der ›Gewalt der Aussage‹ vor dieser Musik zu zweifeln ist unmöglich — wie auch derjenige, der sie wirklich in sich aufgenommen hat, unbedingt die Größe der formalen Konzeption erkennen muß.«

Schicksalhafterweise kam die Politik dem Komponisten Furtwängler zu Hilfe. Die Auseinandersetzungen mit den Machthabern, bedingt durch seinen Einsatz für Paul Hindemith, zwangen ihn zum Rücktritt, so war er nur noch als freier Gastdirigent tätig. Das verschaffte ihm die Zeit, angefangene Werke zu beenden, neue anzufangen. 1937 führte er seine erste Violinsonate in d-Moll mit Hugo Kolberg auf (1938 bei Breitkopf & Härtel, Leipzig, erschienen). Danach kam das symphonische Konzert für Klavier und Orchester 1937 (Alkor-Edition, Kassel 1955). Die Uraufführung war in München 1937 mit Edwin Fischer als Solist, anschließend gab es Aufführungen in vielen deutschen Städten. Die zweite Sonate für Violine und Klavier in D-Dur 1940 (Bote & Bock, Berlin, Neuauflage 1978) führte er, ebenfalls in verschiedenen Städten, mit Georg Kulenkampff auf. Beide Sonaten sind von großer technischer Schwierigkeit, den Klavierpart übernahm Furtwängler selbst. Von Georg Kulenkampff, der ein großer und sehr gewissenhafter Geiger war, weiß ich, daß er nicht immer zufrieden war mit dem »Üben« seines Partners, der aber auf »Ermahnung« dann doch immer alles zum Zeitpunkt des Konzertes aufgeholt hatte. Ich war damals noch nicht Furtwänglers Frau und weiß das alles nur aus den Erzählungen der Künstler. Aufführungen seiner Werke bereiteten Furtwängler immer die größten Aufregungen. Wir wissen z. B., daß bei der Frankfurter Aufführung seines symphonischen Konzerts eine Zuhörerin wegen des schlecht gelüfteten Saales hinausgehen mußte, weil sie Sorge hatte, ohnmächtig zu werden. Es war ganz kurz vor dem Ende, Furtwängler war überzeugt, daß die Unruhe im Saal eine Demonstration gegen seine Komposition wäre. Er verlor die Nerven und lief vom Podium fort. Man kann sich vorstellen, wie die Reaktion eines Teils der Menschen und Kritiker war. Der »überempfindliche, eitle Furtwängler« wurde angeprangert. Viel später, nach einer Aufführung seiner zweiten Symphonie, sagte er mir einmal: »Ich fühle mich, wenn ich ein eigenes Werk aufführe, wie ein sechzehnjähriges Mädchen, das sich vor alten Lüstlingen ausziehen muß.« Die Empfindlichkeit ist ihm oft teils verübelt, teils nicht verstanden worden. Man sollte das einmal aus einer anderen Sicht betrachten. Er war nie ein vom frühen Ruhm geblendeter Stardirigent, er war sich seines Könnens voll bewußt, aber dabei frei von Eitelkeit oder gar von Überheblichkeit. Seine Verletzlichkeit war sicher eine große Last, sie entsprang seiner Bescheidenheit und der Idee, daß jeder das Recht hätte, ihn zu kritisieren. Das hinderte Furtwängler dann aber nicht, damit zu hadern und auch zu leiden, wo er hätte überlegen lächeln sollen. Das technisch sehr schwierige symphonische Konzert wurde nach seinem Tod von drei verschiedenen Pianisten wieder aufgeführt. Als der junge Barenboim zehn Jahre nach Furtwänglers Tod nach Berlin eingeladen wurde, nachdem er vorher dort ein sehr erfolgreiches Konzert gegeben hatte, antwortete er dem Intendanten: »Sehr gern, aber unter der Bedingung, daß ich das Klavierkonzert von Furtwängler aufführen kann«, mit dem er sich beschäftigt hatte. Die Intendanz war darüber sehr erstaunt, aber natürlich einverstanden. So spielte Barenboim dieses Konzert 1964. Zubin Mehta dirigierte, und die beiden Künstler führten dasselbe Konzert später in Los Angeles wieder auf. Daniel Barenboim sagte in einem Interview 1976 über das Konzert: »Es gibt kein nachromantisches Klavierkonzert. Dieses Konzert füllt eine Lücke. Ich habe es sehr lange nicht mehr gespielt, weil es so schwierig ist, und ich im Moment keine Zeit habe, das herauszubringen, was nötig ist, um dem Werk gerecht zu werden.«

Alexander Berrsche, der damalige Musikpapst von München, schrieb 1937 eine großartige Kritik über das Klavierkonzert. Das erstaunte Furtwängler umso mehr, weil Berrsche ihm persönlich als Dirigenten eher skeptisch und kritisch gegenüberstand. Die Überraschung war vor allen Dingen wohl auf Berrsches Seite, als er entdeckte, wer Furtwängler als Komponist war, und nach diesem Erlebnis mit dem Klavierkonzert plötzlich einen anderen Menschen in Furtwängler sah, nicht den gefeierten Stardirigenten. Er beendete seine Kritik, die er später auch in seinem Buch *Trösterin Musica* (Georg D. W. Callwey, München 1942) aufnahm, folgendermaßen: »Die Interpretation unter Furtwängler mit Edwin Fischer am Klavier und den Berliner Philharmonikern hatte den Zauber des Vollkommenen und Authentischen. Man kann sich keine schönere Wiedergabe mehr denken, weder in der Größe des Aufbaus, noch in der zärtlichen Betreuung des Details. Wie schön ist dieses Werk, und wie sitzt im Orchester, wie im Klavier, jede Note!«

Furtwängler arbeitete damals schon an einer Symphonie, der sogenannten ersten, großen Symphonie. Später ließ er den ersten Satz für das Orchester ausschreiben und setzte eine Orchesterprobe im Frühjahr 1943 an. Er schrieb mir danach: »Ich hatte die Probe und bin sehr deprimiert . .« Er verwarf diese Symphonie, d. h. stellte sie zurück, und begann sofort mit der zweiten, die dann die e-Moll-Symphonie (Alkor-Edition, Kassel) wurde. Das tragische Weltgeschehen kam ihm hier entgegen. Er konnte ohne Unterbrechung arbeiten. Als wir in Clarens im Exil lebten, vollendete er diese Symphonie und begann mit der Komposition der dritten. 1948 führte er die e-Moll-Symphonie in Berlin auf. Einige Wochen vorher schrieb er an eine Musikfreundin nach Bologna: »Wie es mit der Übertragung der Symphonie in Berlin wird, weiß ich noch nicht. An sich habe ich zunächst eine gewisse Scheu, die Uraufführung als solche allzu groß ›herauszustellen‹. Ich fühle sehr deutlich die Wellen von Mißgunst und Neid, die gerade mir als Komponisten entgegenkommen, und es liegt mir nicht so sehr daran, dem gegenüberzutreten, als vor meinem eigenen Urteil zu bestehen und mich zu objektivieren.« Bei den Proben zu dieser Symphonie fühlte sich Furtwängler von Anfang an schon sehr elend, dazu kam die große Aufregung. So wurde er plötzlich ohnmächtig zum Erschrecken der Umstehenden, es war nur ganz kurz, und ich glaube, daß nur Sergiu Celibidache, der dabei war, damals den wahren Grund begriff. Die erste Aufführung fand mit einer Wiederholung im Titania-Palast am 22. Februar 1948 statt, die dritte Wiederholung im Admirals-Palast im russischen Sektor. Wir wohnten damals noch in Potsdam, also in der russisch besetzten Zone. Der Musikoffizier, Hauptmann Barsky — er hatte ja das Konzert im Admirals-Palast möglich gemacht — lud uns am selben Abend zu sich ein. Es war von Potsdam nach Karlshorst, wo er wie alle Russen auch damals schon

20

wohnte, eine weite Fahrt. Ein Freund fuhr uns im Schnee-
treiben im ungeheizten winzigen Auto nach Karlshorst. An
dem Abend waren wir mit dem Ehepaar Barsky zu fünft. Es
fiel von seiten der Russen, die beide fließend deutsch sprachen, kein einziges Wort über die Symphonie. Es war ein
sehr bedrückender Abend, denn Furtwängler lebte natürlich
noch ganz in dem, was ihn in dem Vormittagskonzert
bewegt hatte. Die Kritiken waren erstaunlich positiv, Furtwängler war trotzdem sehr niedergeschlagen. Er schreibt
nach Bologna, von wo er immer wieder gefragt wird, wann
er denn seine Symphonie wieder aufführe und warum nicht
in Italien? »Ich weiß nicht, was es ist, das mich immer
hindert, mich mit der Propagierung meiner Werke zu befas-
sen. Ich habe eine ausgesprochene Abneigung dagegen und
muß mir jede Aufführung abringen. Ich denke immer, wenn
ich tot bin, ist das dann eine Aufgabe für einen anderen, der
da eine Tradition weiterzuführen hätte. Ich selber habe
davon nichts als Aufregungen über Aufregungen, wichtig
ist, daß ich davon Platten mache.« Das geschah. Im Jahre
1951 nahm er die zweite Symphonie mit den Berliner
Philharmonikern bei der Deutschen Grammophon Gesellschaft auf: Eine Platte, die im Jahre 1977 eine Neuauflage
erfuhr, für Amerika gedacht unter dem Motto Furtwängler
conducts Furtwängler, sie ist 1979 in der Kassette »Furtwänglers Vermächtnis« wieder erschienen. Eine große

Freude hatte er im Jahre 1953. Er wurde in sechs verschiedene Städte in Deutschland eingeladen, mit seinen Berlinern die zweite Symphonie zu spielen, als zweites Werk wählte er die erste Symphonie von Beethoven. Das war ein großer Erfolg vor immer ausverkauftem Haus.

Als er im September 1954 anläßlich der Berliner Festwochen seine zweite Symphonie wieder aufführte, hörte er sehr schlecht. Die Aufregung setzte das geschwächte Gehör noch herab, es war so, daß er — die Symphonie beginnt mit einem Fagottsolo — den Schluß des Solos nicht hörte und hineinschlug; natürlich wurde ihm das sofort klar. Es war das letzte öffentliche Konzert, das er in seinem Leben dirigierte. Er nahm anschließend nur noch in Wien, wieder ohne Hörschwierigkeiten, die *Walküre* für EMI auf. In Baden-Baden, kurz vor seinem Tod, kam er auf dieses letzte Konzert in Berlin zurück und berichtete mir von diesen »schwarzen« Tagen. »Als ich das Podium verließ, faßte ich den Entschluß, nie mehr dort zu stehen.«

Eugen Jochum führte die zweite Symphonie vier Tage nach Furtwänglers Tod in München auf. Furtwängler sollte da zum ersten Mal zuhörend dabei sein, so wurde sie zum Requiem. Eugen Jochum führte sie auch noch zweimal später in verschiedenen Jahren in Berlin auf; er ist von dem Werk überzeugt und bedauert es sehr, daß Berlin ihm keine Möglichkeit gibt, das Werk im November 1979 zum

25. Todestag Furtwänglers — wie es schon besprochen war — zu dirigieren.

Die dritte Symphonie hat Furtwängler 1954 fertiggestellt und zum Kopisten gegeben. Nur mit dem letzten Satz war er noch nicht glücklich. Er bekam im Oktober 1954 die Reinschrift nach Clarens und schaute sie hier genau durch. Er beschäftigte sich in den letzten Tagen vor unserer Abreise nach Baden-Baden, trotz seines leichten Fiebers, mit dieser Symphonie. — Als ich nach seinem Tode nach Clarens zurückkam und die Symphonie auf dem Flügel liegen sah, so wie er sie verlassen hatte, schlug ich sie auf und entdeckte zu meiner Erschütterung, daß er über die drei ersten Sätze mit Bleistift etwas geschrieben hatte. Über den ersten Satz »Verhängnis«, über den zweiten Satz »Das Leben« und über den dritten Satz »Jenseits«. Nachdem ich die Symphonie verschiedentlich gehört habe, muß ich sagen, daß die Bezeichnungen, die nachträglich darübergeschrieben waren, den Inhalt treffen.

Joseph Keilberth führte diese nachgelassene Symphonie 1956 und 1964 mit den Berliner Philharmonikern auf, und ein Jahr vor seinem Tode 1967 machte er eine Reise mit seinem Bamberger Orchester und dirigierte die Symphonie sowohl in Bamberg als in Salzburg. Diese nachgelassene Symphonie fand durchweg ein besseres Echo als ihre Vorgängerin. 1974 gab Hans Wallat mit seinem Mannheimer

Orchester zweimal das Werk. Die auch für die Musiker nicht einfache Symphonie wurde so von drei verschiedenen Orchestern gespielt, jedesmal waren die Zuhörer erschüttert.

Walter Riezler, der abwehrte, wenn man Furtwänglers Kompositionen anachronistisch nannte, hatte aber recht, wenn er schreibt: »Es ist kein Zweifel, diese Musik ist im höchsten Grade ›gegen die Zeit‹. . . Die jetzige Musik ist die radikalste Abkehr von der Welt der Sonate, die sich denken läßt. Der Idee der Sonate aber und nichts anderem ist der tiefste Glaube Furtwänglers zugewandt.« Furtwängler ging auch unbeirrt ohne Konzessionen seinen Weg weiter: »Ich versuche, einfach, groß, monumental zu schreiben — aber ich stehe damit im Gegensatz zu den meisten Komponisten der Gegenwart. Ich will, daß mein Werk, wenn es einmal fertig ist, wirklich etwas Vollendetes darstellt.«

In Amerika hat sich ein junger Musiker in die Kompositionen Furtwänglers »hineingebohrt« und schreibt seine Dissertation über Furtwänglers Musik. In England interessiert sich ein junger Komponist und Geiger leidenschaftlich für das Furtwänglersche Kompositionswerk; er war bei mir und hat eine Aufstellung der Werke und der Kompositionen vorgenommen. Von Zürich wandte sich die Zentralbibliothek des Kantons und der Stadt, die Universitätsbibliothek, an mich, um die Originale in ihrer Musikabteilung zu besitzen. Ich hätte sie sehr gern einer deutschen Bibliothek gegeben, aber nur Zürich allein meldete sein großes Interesse an.

Radio Basel lud die deutsche Geigerin Jenny Abel ein, mit ihrem damaligen Partner, Leonard Hokanson, Furtwänglers zweite Sonate zu spielen. Diese Aufnahme ist immer einmal wieder im Rundfunk zu hören. France musique sendete im Mai 1979 die Aufnahme seiner zweiten Symphonie. Ich muß mit Freude feststellen, daß gerade die jungen Musiker, seien es ausübende oder Musikologen, dem Furtwänglerschen Werk zugewandt sind, ja, es eigentlich für sich entdeckt haben, vielleicht weil sie darin etwas finden, was sie bisher vermißten. Jedenfalls so kann man es sich erklären.

Der Dirigent

Lange Zeit kannte ich Furtwängler nur vom Zuhören und Zuschauen, und er wirkte so entfernt wie ein hoher, berühmter Berg, erhaben und unerreichbar. Ja, der Gedanke an einen persönlichen Kontakt war nicht existent, und das, obwohl seine Art der Interpretation so viel Menschliches, so viel die Herzen Berührendes hatte. Es war um ihn etwas Respekteinflößendes, und ich muß sagen, daß ich bei aller Natürlichkeit des Zusammenlebens in den gemeinsamen Jahren diesen Respekt nie verloren habe.

Zwei Tage nach Furtwänglers Tod schreibt der Musikologe Willi Schuh in der *Neuen Zürcher Zeitung:* »Die geistige und seelische Atmosphäre eines Furtwängler-Konzertes, die aus einer geheimnisvollen Verbindung und Wechselbeziehung von Dirigent und Hörerschaft erwuchs, war mit keiner anderen zu vergleichen, und man wird sie fortan schmerzlich vermissen.« Furtwängler hat mir gegenüber häufig ausgedrückt, daß zum Gelingen eines Konzertes drei Dinge gehören: Der Dirigent, das Orchester und das Publikum. Das Gemeinschaftserlebnis eines Konzerts schien für ihn unersetzlich. Furtwängler hat in seiner Jugend, außer Mahler, alle Dirigenten seiner Zeit erlebt. Er behauptete, daß er nur von Nikisch gelernt habe. Selbstverständlich war die große Musikerpersönlichkeit von Hans Pfitzner, der sein Chef in Straßburg war, von großer Wichtigkeit, aber noch in anderer Beziehung. Nikisch war ausschließlich als Dirigent für ihn von Bedeutung. Der junge Furtwängler äußerte sich damals zu Freunden, daß Nikisch der einzige wäre, von dem er lernen könnte, und er verteidigte ihn gegen diejenigen, die Nikisch Pose vorwarfen. »Jede noch so sparsame Bewegung Nikischs«, sagte er, »ist ausschließlich und nur auf das Orchester gemünzt, um eben dort in Musik übersetzt zu werden. Von Nikisch habe ich den Klang gelernt, wie man den Klang herausbekommt.«

Man muß sich vorstellen, daß es damals keine Schallplatten gab, von denen heute der Dirigentennachwuchs lernt. Ich las vor kurzem, daß ein großer Dirigent jungen Dirigenten den Rat gegeben habe, sich z. B. alle Schallplattenaufnahmen der fünften Symphonie von Beethoven anzuhören und sich danach ein Urteil zu bilden, wie sie dieses Werk interpretieren wollten. Furtwängler wäre bestimmt gegen diesen Rat gewesen. Er fuhr jedesmal, wenn Nikisch in Hamburg dirigierte, von Lübeck aus dorthin, um das Konzert und die Art des Dirigierens zu erleben. Mit der Interpretation des jeweiligen Werkes hatte Furtwängler sich schon lange vor den Proben beim Studium der Partitur beschäftigt. Als ich über Furtwänglers erste Konzerte in Lübeck eine ausführliche Schilderung las und mit ihm darüber sprach, wieviel bewegungsfreudiger er damals gewesen sein muß, sagte er, ihm schwebe immer ein ganz bestimmter Ausdruck vor, den er vom Orchester erzwingen wolle, und dazu hätte er im Anfang unglaublich viele Bewegungen gebraucht. »Es war ein langer Weg, bis ich auch mit sparsamen Bewegungen mein Ziel erreichte.« Das Erstaunliche an dem sogenannten undeutlichen Schlag Furtwänglers war, daß alle großen Künstler und Orchester ihn mit Leichtigkeit begriffen. Die Tochter des Komponisten Ernest Bloch, Suzanne Bloch — sie ist selber Musikerin —, erzählte mir, daß sie als junge Musikstudentin Monteux oft in Proben erlebt hätte, wie er sehr elegant und präzise schlug, trotzdem einmal eine Stelle achtmal proben mußte, bis es klappte. Ein paar Monate später erlebte sie die erste Probe von Furtwängler zufällig mit demselben Stück, und obwohl vor ihren Augen eine zitternde Bewegung vor sich ging, setzte das Orchester absolut richtig ein. Nicht anders die Sänger. Objektiv können sie nicht erklären, warum sie seinen Schlag verstanden, subjektiv war er ihnen sofort klar und selbstverständlich. Für den Nichtbeteiligten war es schon verwunderlich, und die Orchestermitglieder, die immer wieder von den Zuschauenden darüber befragt wurden, haben sich dann

28

auch eine Menge spaßige Erklärungen einfallen lassen, in welchem Augenblick sie einsetzen würden.

Es gibt einige schriftliche Äußerungen von Furtwängler, die das Dirigieren betreffen. 1926 *Über Auswendig-Dirigieren*, 1929 *Probleme des Dirigierens* und 1937 *Vom Handwerkszeug des Dirigenten*. Dem Beruf des Dirigenten gegenüber hatte er eine tiefe Skepsis. So sprach er vom Dirigentenelend, es sollte eine Kunst sein und ist eine Schaustellung, eine Komödie. Und auch später: »Dirigenten: Die Hälfte gehört ins Museum, die andere in den Zirkus.« Das sind sehr strenge Worte, die aus gewissen Situationen entstanden sind, und die nichts Allgemeingültiges hatten. In seinen letzten Lebensjahren erschienen Biographien von Kollegen, die Furtwängler sehr anerkannte. Ihn erstaunte nur die Tatsache, daß ein Dirigent sich zu einer Autobiographie veranlaßt sah. »Warum? Damit alle Menschen gleich sehen, was für ein schrecklicher Beruf das ist, gehetzt von einem Ort zum anderen, mehr oder weniger Erfolg — wen kann das interessieren?«

Nach dem soeben Erzählten drängt sich dem Leser vielleicht die Frage auf: Warum dirigierte Furtwängler, wenn er solche bitteren Ansichten über diesen Beruf hatte? Es entsprach seiner komplexen Natur, ebenso oft erlebte ich Gegenteiliges. So wurde Furtwängler in Berlin einmal von Ferenc Fricsay aufgesucht, kurz bevor dieser in die Oper fuhr, um *Die Walküre* zu dirigieren. Er sagte, es wäre für ihn selber eine Premiere, da er das Werk zum ersten Mal aufführe. Der sonst so zurückhaltende Furtwängler legte ihm spontan beide Hände auf die Schultern: »Sie Glücklicher — zum ersten Mal *Die Walküre*!« Ich weiß nicht, ob Fricsay ihn verstand, er war eher etwas erschrocken ob dieses Ausbruchs. Ein anderes Mal sitzen wir im Auto auf der Fahrt ins Konzert, er drückt meine Hand und sagt leise, aber mit Spannung: »Du, ich freue mich, die *Achte*!« Es handelte sich um die achte Symphonie von Beethoven. Ich erlebte es immer wieder, er wurde beschenkt und gestärkt durch die Musik, die er dirigierte. Er hatte am »Dirigierenkönnen« große Freude, auch bei Stücken, die er selber einen »Riesenschinken« nannte, wie z. B. *Ein Heldenleben* von Richard Strauß. Walter Riezler erzählte mir, wie er in einem Konzert geradezu irritiert war, mit welch begeistertem Schwung Furtwängler das *Heldenleben* dirigiert hätte. Als er danach ins Künstlerzimmer gekommen sei, hätte ihn Furtwängler lachend in eine Ecke gezogen und gesagt. »Was sagst Du zu diesem herrlichen Kitsch? Aber toll gemacht!« So oder so, es war immer das Werk, das den Dirigenten ganz in Anspruch nahm, und das er erschöpfend darstellen wollte. Wie oft habe ich ihn noch lange nach einem Konzert, nach einer Oper, noch ganz im Banne des Erlebten gesehen.

Etwas hat er immer bedauert: Daß er Wagner nicht als Dirigenten erleben konnte. Denn nach allem, was Wagner über das Dirigieren geschrieben hat, und andere über den Dirigenten Wagner gesagt haben, glaubte Furtwängler, daß Wagner ein einmaliger Dirigent gewesen sein müßte. Furtwängler schreibt in einem Beethoven-Aufsatz 1918, Wagner habe als erster auf jenen »leisen und doch beständigen Wechsel des Zeitmaßes hingewiesen, der allein imstande ist, aus dem starren, klassischen, gleichsam nach gedruckter Vorlage gespielten Stück Musik das zu machen, was es eigentlich ist, ein Entstehen und Wachsen, ein lebendiger Vorgang . . .« Häufig wurde Furtwängler vorgeworfen, daß er nicht notengetreu dirigiere. Für ihn bedeutete das Dirigieren das freie Schaffen, das natürliche Atmen mit dem Werk. Er hat auch deutliche Worte über die »notengetreue« Darstellung gefunden und den Unterschied zwischen notengetreu und sinngetreu klargemacht. »Der Sinn muß begriffen werden. Die Noten machen alles gleich. Ein Werk, das Bild mit Dürerscher Technik — das andere mit Rembrandtscher Farbe. — Die Phantasielosigkeit des Ausführenden sieht überall auf die gleiche Korrektheit und Sauberkeit.« So notiert er es sich 1928, und 1947 spricht er über die notengetreue Darstellung und nennt sie das erste Eingeständnis, daß Philologie wichtiger ist als Erkenntnis, es handle sich nicht mehr um die Sache, man zöge sich auf den Text zurück. Man sieht, Furtwängler war immer ein dem Leben, der lebendigen Musik zugewandter Künstler. Mit Ungeduld wies er seine Kritiker in die Schranken, die den Ausspruch »Ich dirigiere, was hinter den Noten steht«, häufig mißverstanden und falsch auslegten, hier und da auch absichtlich.

Daß junge Dirigenten ihn verstanden und auch die Situation der fünfziger Jahre begriffen haben, zeigt ein Aufsatz, den der amerikanische Dirigent Henry Lewis in *High Fidelity* geschrieben hat. Furtwängler war für ihn der Dirigent, der am meisten zu bewundern war, weil er von der sklavischen, notengetreuen Darstellung der Werke frei war, und weil er in seiner Intensität immer ehrlich geblieben war und ihn darum auch beglückt habe. Er habe ihm den Mut gegeben, Musiker zu werden, denn in den fünfziger Jahren steckte man in USA noch in einem Gefängnis, in einem notengetreuen Panzer, in den er keinesfalls gesperrt werden wollte. Im *Manchester Guardian* vom 13. 2. 1976 steht ein Interview mit einem jungen englischen Dirigenten, Simon Rattle, worin dieser sagt: »Für mich ist der größte musikalische Einfluß von allen Dirigenten der von W. Furtwängler.« Rattle ist 24 Jahre alt, wurde also erst nach Furtwänglers Tod geboren.

Für die üblich gewordenen Vorwürfe über die langsamen Tempi von Furtwängler gibt es genauso viele Gegenbeweise. Nicht nur die Nachkriegsstudioaufnahme der g-Moll-Symphonie von Mozart, die mit einem solchen Tempo anfängt, wie andere Dirigenten nicht beginnen, sondern auch die jetzt herauskommenden Mitschnitte von Live-Aufnahmen. Der Kritiker von *FonoForum* sagt 1976 darüber: »Unromantisch ist Furtwänglers Eile bei den Überleitungen und bei Steigerungen. Dadurch dauern seine Aufführungen kaum je deutlich länger, auch wo die thematischen Partien auffällig langsam und statuarisch erscheinen.« Diese langsamen Tempi wurden vor allem in England nach dem Kriege bemängelt. Furtwängler hat sich einmal ausführlich vor einem Studentengremium über das Tempo geäußert. Da war der knappste und entscheidende Satz: »Das Tempo ist eine Frage, die man als solche nicht von der Auffassung des Stückes trennen kann. Im Grunde liegt das Tempo im Stück, im Wesen des Stücks.« Es ist klar, daß ein schnelles Tempo einen bestimmten Effekt hinterlassen kann, aber es bleibt doch stets etwas unpersönlich und meist weit entfernt von dem Gestaltungswillen des Komponisten. Ich erinnere mich an eine Aufführung der Neunten von Beethoven, die mit einer so unglaublichen Geschwindigkeit dirigiert wurde, daß ich aus dem Staunen nicht herauskam, daß der Chor zum Schluß überhaupt in der Lage war, so schnell zu singen. Der Gesamteindruck war unmenschlich, also genau das Gegenteil von dem, wie dieses Werk wirken sollte.

Nach dem Krieg dirigierte Furtwängler auf seinen Reisen mit den Berliner oder den Wiener Philharmonikern weniger moderne Werke, das wurde ihm besonders in England häufig vorgeworfen. Wir haben einen Brief an die Freundin in Bologna, in dem er schreibt: »Ich nehme an, daß auch in Italien Stimmen laut geworden sind wie in Deutschland, daß ich zu viel klassische und zu viel bekannte Werke aufführe. Es ist heutzutage im Grunde viel, viel nötiger, klassische und bekannte Werke g u t zu machen, als nicht bekannte schlecht und recht. Letzteres geschieht fast überall, Ersteres aber nur allzu selten. Es ist schwer, den Leuten klarzumachen, daß eine Beethoven-Symphonie eine größere und schwierigere Aufgabe ist.«

Nach seinem letzten Auftreten 1954 in London mit dem Beethoven-Programm: Vierte Symphonie, zweite *Leonoren-Ouvertüre*, fünfte Symphonie kam ein Kritiker zu ihm und beanstandete, daß er immer das Gleiche und vor allem Beethoven brächte. Zwölf Jahre später besuchte mich dieser Kritiker und sagte mir, daß er nicht vergessen könne, wie Furtwängler damals auf seinen Vorwurf reagiert hätte. Er habe ihn verwundert angesehen und gesagt: »Das verstehe ich nicht — für mich sind sie niemals dieselben Werke.« Diese Antwort hätte ihn entwaffnet und wäre bis heute nicht ohne Wirkung auf ihn geblieben.

Ich habe Furtwängler nie nervös vor einem Konzert

erlebt. Er war immer freudig bereit zum Musizieren. Ein Kritiker schrieb einmal, ganz richtig beobachtend: »Wenn er sich beim Auftritt durch die Orchestermitglieder wand, wirkte er so wie ein prähistorischer Mensch, der das Gestrüpp verteilend seinen Platz oben auf dem Podium fand.« Er begann eigentlich auch ohne jede Pause. Die Pause kam für ihn nach der Leistung. Er mußte sich erst wieder zurechtfinden in der Welt, die er für einige Zeit verlassen hatte. So dauerte es immer ein wenig, bis er sich umdrehte und sich verneigte. Er ließ immer das Orchester am Erfolg teilnehmen, und zwar nicht durch das übliche sofortige Aufstehenlassen und gar Händeschütteln aller ersten Pulte, nachdem der letzte Ton des Werkes verklungen war, sondern er gab während der Aufführung jedem Einzelnen das Gefühl, durch seine Leistung am Erfolg des Konzertes beteiligt zu sein, wie er allerdings auch einen zornigen Blitz aus seinen Augen dorthin schickte, wenn etwas nicht so herauskam, wie er es wollte. Wie man überhaupt auf seinem Gesicht während des Konzerts — wenn man hinter dem Orchester saß — unschwer ersehen konnte, ob er zufrieden war, und so wußten die Musiker es auch genau. Der Solohornist der Wiener Philharmoniker erzählte mir später, daß ihn nach einem Konzert im Musikvereinssaal in Wien der Konzertdiener zu Furtwängler geholt habe, und daß er ein wenig beklommen an der üblich langen Reihe von geduldig wartenden Autogrammsammlern und dankbaren Hörern, meist weiblichen Geschlechts, vorbeigegangen sei. Furtwängler habe im Künstlerzimmer am Fenster gestanden und hinausgeschaut, sich schnell umgewandt und ihm die Hand gegeben: »Ich wollte Ihnen nur danken, es war schön!«, und schon, um seine Bewegung zu verbergen, sei er wieder zur Tür hinausgeschoben worden. So etwas geschah hinter den Kulissen.

Die Unverkrampftheit seiner Bewegungen war für mich selbstverständlich; erst nach seinem Tode wurde mir klar, daß sie etwas Besonderes war. Gewiß, diese Bewegungen waren manchmal ein wenig ungewohnt, sie waren aber von einer Freiheit, von einer Lockerheit, die leicht den Übergang zur Ruhe, wie von der Ruhe zur Lebhaftigkeit fand. Dasselbe sagte mir vor kurzer Zeit der Solo-Cellist der Berliner Philharmoniker. »Nie hat ein so gelockerter Dirigent vor uns gestanden, wie der Furtwängler es war.« Daß diese Art der Bewegungen natürlich von Orchestermitgliedern oder auch sonst gern nachgemacht wurde, das war selbstverständlich, das war zu verlocken. Der berühmte Cellist Gregor Piatigorsky — der auch längere Zeit Solo-Cellist bei Furtwängler war — erzählt in seinen Erinnerungen, wie Furtwängler einmal gerade dazu kam, als er ihn imitierte, und daß es für beide peinlich war.

Ich war natürlich in sehr vielen Proben, und da war

auffallend, wie wenig er sprach. Das Wort, was am meisten vorkam, war das Wörtchen »nochmal«. Er deutete auch auf seine Hand, wenn er sagte, »nochmal mit mir«. Es war seine Erfahrung, daß alles von seinem Schlag abhing. So wie er mir immer wieder sagte: »Wenn etwas nicht klappt, ist es allein meine Schuld.« Er ging in jede Probe sehr vorbereitet, auch Symphonien, die er oft dirigiert hatte, studierte er immer wieder, wobei er auch manchmal etwas entdeckte, was ihm entgangen war, so z. B. noch im Jahr 1954 beim Studium der Neunten Symphonie.

Furtwängler war übrigens fast kindlich stolz auf sein Begleitenkönnen. Es war ihm sehr wichtig, daß sein Solist sich wohl und sicher fühlte. »Ich brauche auch bei Wagner keinen geschlossenen Orchesterraum, damit man die Sänger hört.« Er ließ das geschlossene Orchester nur für *Parsifal* gelten, also für die Oper, für die das Festspielhaus in Bayreuth gebaut worden war.

Walter Gieseking schreibt in seinem Buch *So wurde ich Pianist* (F. A. Brockhaus, Wiesbaden 1963) über den Gebrauch, beziehungsweise Nichtgebrauch des Pedals und Furtwängler als Begleiter: »Als Beispiel dafür, daß ich hier nicht etwa eine am Schreibtisch ausgeklügelte Idee verfechte, sondern etwas empfehle, das ich in der Praxis als richtig erkannt habe, möchte ich erwähnen, daß ich im C-Dur-Konzert (KV 467) von Mozart, als ich einmal in höchster

Feinheit von Furtwängler begleitet wurde, am Schluß des ersten Satzes merkte, daß ich überhaupt noch nicht das rechte Pedal berührt hatte. Nicht etwa aus Absicht, sondern weil die Orchesterbegleitung es mir ermöglichte, ohne jedes Forcieren des Tones meinen Part klar herauszubringen, und meine Ohren darum gar keinen Pedalgebrauch angeordnet hatten.«

Als wir nach dem Kriege nach über zweijähriger Dirigierpause zu den ersten Konzerten nach Rom fuhren, hatte Furtwängler gewisse Bedenken und fragte sich, ob er wohl noch dirigieren könne, dazu mit einem ihm fremden Orchester. Dann kamen die Proben. Die Orchestermitglieder des Santa-Cecilia-Orchesters gingen begeistert mit. — Ich hatte in den zwei Jahren sehr viele Konzerte in der Schweiz gehört, so besuchte ich auf Wilhelms Wunsch Konzerte in Lausanne, in Bern, in Luzern. Dort erlebte ich sogar 1946 das Scala-Orchester unter Toscanini. — Nun saß ich in Rom im Augusteo und hörte Furtwängler zum ersten Mal wieder bei einer Probe, nur bei einer Probe. Enrico Mainardi saß neben mir, voller Begeisterung, den verehrten Freund wieder am Pult zu erleben. Ich war zutiefst beschämt, denn tatsächlich, ich hatte vergessen, wie völlig anders, wie hinreißend bei Furtwängler eine Brahms-Symphonie klang. Es dauerte lange, bis ich ihm das beichtete. Ich erinnere mich, wie er sich darüber freute und lächelte, und es gar nicht schlimm fand. Ich selber aber war tief bedrückt über dieses Vergessen.

Es ging also alles sehr glatt, und seine Sorgen, daß er nicht mehr dirigieren könne nach zwei Jahren, waren völlig unbegründet. Es war überhaupt ein gewisser Auftakt; die Italiener entdeckten Furtwängler für sich. Die beiden romanischen Länder Frankreich und Italien gehören zu seinen treuesten Anhängern, und auch heute noch kommen ganz junge Italiener zu mir, die ihn nur von Studioübertragungen und Schallplatten kennen, und haben tiefstes Verständnis für seine Interpretation. Ein Emigranten-Geschwisterpaar, das Furtwängler jahrelang in Berlin gehört hatte, traf sich im Jahre 1948 in Paris, um dort ein Furtwängler-Konzert — übrigens das erste, was er nach dem Krieg in Paris leitete — zu hören. Beide waren sehr erschüttert, denn sie trafen einen völlig anderen Furtwängler, wie sie erzählten. Es war nicht allein der großartige Dirigent, den sie von früher kannten, und den sie unbedingt wieder hören wollten, sondern sie äußerten sich: »Das war Sphärenmusik, reine Sphärenmusik, was wir plötzlich hörten.« — Der Berliner Kritiker Werner Oehlmann zitiert in seinem Buch über das Berliner Philharmonische Orchester seine eigene Kritik aus dem Jahre 1950 nach einer Aufführung der C-Dur-Symphonie von Schubert: »Es gelang Furtwängler, mit alten, immer wieder gespielten Standardwerken seines Programms auf völlig neue, geradezu erschreckende Weise zu erschüttern ... Das Undiskutierbare seiner Leistung: Sie ist da, ist großes Europa, imponierend fragil, verehrenswert und fragwürdig, lebendig und überschattet von Vergangenheit und Tod, stärkstes Elixier dessen, was wir waren, sind und vielleicht noch sein werden.« Ich fühle sehr viel Wahres in der Besprechung, Furtwängler wäre sicher dagegen gewesen, sein Kampfgeist lehnte jede Art von Nostalgie ab.

In seinem letzten Lebensjahr erklärte Furtwängler, warum er die großen Werke dirigiere: »Ich fühle einfach die Verantwortung — die Menschen sollen wissen, wie die großen Symphonien der großen deutschen Komponisten klingen sollen.« Er nahm für sich in Anspruch, daß er sozusagen der Berichterstatter mit dem größten Wissen war. Und er wollte unbedingt verhindern, daß man einmal die Größe vergißt, die hinter dieser Musik steht. Zum Beispiel erkannte er die Bedeutung, die Ernsthaftigkeit und die Ehrlichkeit, die Toscanini musikalischen Werken entgegenbrachte, und doch äußerte er sich mir gegenüber: »Das Einzige, was ich an Toscanini bedenklich finde — es hat nichts mit seiner Person zu tun —, ist, daß in Amerika die Menschen denken, daß so Beethoven klingen soll.« Es war ohne jede Anmaßung, sondern im Bewußtsein des Kennens, des eigenen Wissens um diese Musik gesagt, ja voller Sorge um sie geäußert.

Ich werde häufig gefragt, ob Furtwängler Musikstudenten Unterricht gegeben habe. Wenn man von dem damals jungen Klarinettisten Antoine de Bavier absieht, mit dem er alle musikalischen Probleme besprach, und der auch in fast allen seinen Proben nach dem Kriege war und ein Freund der Familie wurde, muß man wissen, daß Furtwängler niemals Dirigentenkurse gegeben, noch irgendwo an einer Schulung von Dirigenten-Aspiranten teilgenommen hat. Er hat sich dafür auch nicht interessiert. Aber in dem Augenblick, wo ein junger Musiker ihm gegenüberstand, Fragen an ihn stellte, und Furtwängler merkte, daß ihm ehrlich und offen begegnet wurde, war er ohne Zurückhaltung einfach, selbstverständlich, niemals überheblich, er freute sich am Gespräch und nahm es sofort ganz ernst. In Mailand hörten viele junge Musiker bei den Proben in der Scala zu. Allerdings erlaubte zunächst einmal Furtwängler niemandem, in die Probe zu kommen, sowie aber irgendein junger Musiker ihn bat, doch in der Probe dabei sein zu dürfen, sagte Furtwängler sofort »ja«. Da habe ich niemals ein »Nein« von ihm gehört. Er freute sich, wenn junge Leute ein solches Interesse hatten, daß sie ihre Hemmungen überwanden und ihn fragten; dann war er glücklich und einverstanden. Ich erinnere mich, daß er nach den Proben verschiedene von den jungen Leuten mitnahm in ein kleines Restaurant gleich hinter der Scala, wo wir immer aßen. Während des Essens wurden viele musikalische Fragen erörtert, er war bereit, auf alle Fragen zu antworten. Einmal vergaß er seine geliebten »Fragole con panna«: Der erste Geiger des Quartetto Italiano erschien mit Antoine de Bavier in unserem kleinen Eßlokal und erklärte, daß er die Cavatine aus op. 130 von Beethoven auf einer Platte von Furtwängler gehört und seitdem das Gefühl hätte, daß er das ganz anders interpretieren müßte. In solch einem Augenblick versanken für Furtwängler alle anderen Probleme und aller Ärger, der ja auch bei seinem Beruf nie ausblieb — es ging jetzt nur um die Interpretation dieses Quartetts.

Bei einem späteren Zusammentreffen in Berlin hatte Professor Egk ihn eingeladen, vor seinen Studenten an der Musikhochschule ein Kolloquium zu halten. Das war ein besonders sympathisches Zusammentreffen. Nach Furtwänglers Tod ist von einem Mitschnitt eine Grammophonplatte gemacht worden, die sehr gut die Stimmung wiedergibt. Die Wirkung von Furtwängler war merkwürdig, alle empfanden Respekt vor ihm, ohne daß er im geringsten etwas Lehrerhaftes oder Erzieherisches ausstrahlte. Da dies ganz und gar nicht der Fall war, faßten die jungen Menschen sehr schnell Vertrauen, und eine Stimmung der Gleichberechtigung entstand. Frei und ohne Scheu äußerten sich die Studenten ihm gegenüber, sie stellten Fragen, die er bereitwillig und mit Freude beantwortete. Es waren ja

Fragen, die seine Welt betrafen, Fragen, die er sich selber durch den Kopf gehen ließ, und die er immer sehr persönlich beantwortete.

Ein anderes Studenten-Kolloquium fand unter der Leitung von Professor Bernhard Paumgartner im Mozarteum während der Festspiele in Salzburg statt. Es war im Anfang wesentlich steifer. Schon die Sitzordnung war auf Abstand bedacht, mag sein, daß Professor Egk eine glücklichere, natürlichere Hand mit jungen Menschen hatte. Furtwängler erzählte den Dirigenten-Aspiranten, daß er, wenn er mit seinem Orchester bei den alljährlichen Reisen in andere Säle käme, immer eine Sitzprobe vor dem Konzert hielte, um den Saal kennenzulernen, um zu wissen, wie seine Akustik sei, denn danach richte sich Tempo, Klang und Stärke. Ein Student meldete sich und fragte in ziemlich anmaßendem Ton: »Wie können Sie denn wissen, Herr Furtwängler, wenn Sie da oben stehen, wie es im Saal unten klingen wird?« Furtwängler antwortete ohne jedes Zögern: »Ich nehme an, daß Sie die Sixtinische Kapelle kennen oder jedenfalls eine Abbildung davon. Dort oben festgeschnallt in einem Bretterverschlag malte Michelangelo, und trotzdem wußte er ganz genau, wie er malen mußte, damit von unten seine Bilder gesehen und verstanden werden.«

Es fiel mir immer wieder auf, wie er sich verjüngte, wenn er mit jungen Menschen zusammen war, und sich freute, daß seine Probleme und ihre Probleme dieselben waren. Er wurde plötzlich der Kamerad der anderen, der ältere Bruder, der schon Erfahrung hatte, der aber nie im überlegenen Ton sein Besserwissen zeigte.

In Berlin wurde dann auch verabredet, daß die Studenten ein paar Wochen später, als er wieder ein Konzert gab, in die Proben kommen durften. Furtwängler stimmte zu, »Gut, 200 Studenten, das stört nicht« — es kamen 600, und es war ein ziemlicher Tumult. Daraufhin wurde beschlossen, für die nächste Probe Karten an die Studenten auszugeben, um einen Überblick zu behalten, und dabei blieb es.

Ein sich ewig wiederholender Vorgang spielte sich beim Betreten des Titania-Palastes in Berlin oder des Musikvereinsgebäudes in Wien ab. Da stand immer ein Grüppchen von wartenden jungen Menschen, die baten, irgendwie mit hineingeschleust zu werden. So war Furtwängler der Schrecken aller Konzertdiener, zu denen er sagte, daß nur diese fünf oder gar sieben noch mit hinein müßten. »Aber Herr Doktor, Sie wissen doch, es gibt keinen Platz mehr.« »Ach, Sie werden schon irgendwo einen Platz finden«, war dann die energische Antwort. Das war eine echte Last für die armen Leute, die wirklich manchmal nicht wußten, wie sie die Burschen hineinbugsieren sollten. Aber die wußten selber, in welcher Ecke sie einen »Hörstehplatz« finden würden. Natürlich sprach sich das herum, und so standen auch beim nächsten Konzert junge Leute da: »Ach bitte, Herr Doktor, wir haben keine Karte bekommen . . .«

Im Jahre 1918 stand noch niemand am Eingang, und sicher waren Karten zu bekommen, damals, als Furtwängler mit 32 Jahren die Neunte Symphonie von Beethoven zum ersten Mal mit dem Tonkünstlerorchester in Wien aufführte. Eine Kritik dieses Konzerts bekam ich im vergangenen Jahr durch einen Zufall. Es sind prophetische Worte, die da der Kritiker über den noch wenig bekannten Furtwängler ausspricht, und ich will mit einem Auszug daraus mein Kapitel »Der Dirigent« abschließen.

». . . Ein Könner ist Furtwängler in der Kunst der Gliederung und der Phrasierung. Eine starke Intelligenz, ein scharfer, kritisch klarer Verstand treten darin hervor. Es tut wohl, Musik nicht als bloße Gefühlsangelegenheit behandelt zu hören, nicht bloß auf Leidenschaft, Temperament und Sinnlichkeit gestellt, sondern als eine freie und reine geistige Form, in der sich die Denkkraft kühn und männlich ausspricht. Der Durchführungsteil im ersten Satz der Beethovenschen Neunten war in diesem Sinn unter Furtwänglers Hand ein wahrhaftig großartiges Gedankengemälde. Furtwänglers Art ist unsentimentalisch, aber desto inniger wirkt die Zartheit der Empfindung, wenn sie stellenweise durch den bändigenden Willen dringt. Die Musik der Partitur hat dieser Dirigent in jedem Takt erlebt; wie eine

Improvisation, so neu, so eigentümlich und so bedeutungs-voll klangen die sonst unter konventionellen Dirigenten-händen schon so abgebrauchten Töne. Seine außerordentli-che Dirigentenbegabung wird in ihrer suggestiven Wirkung durch die besondere biegsame Ausdrucksfähigkeit seiner Gestalt unterstützt, in deren zutreffenden Bewegungen die Affekte der Musik sich impulsiv verkörpern. Dies wären freilich nur Äußerlichkeiten der Technik und der Erschei-nung, und sie würden die tiefgehende Wirkung der Inter-pretation nicht erklären, wenn nicht der Ernst und die sittliche Würde ihrer Auffassung überzeugend und hinrei-ßend wären.

Nach allem, was man von Furtwängler bisher in Wien gehört hat, besonders nach dieser Aufführung der Beetho-venschen Symphonie und nach der vor einigen Wochen von ihm einstudierten und geleiteten ersten Symphonie von Brahms, wird man Großes von ihm zu erwarten haben. So wie er musiziert, kann nur ein Künstler Musik machen, der gerade und aufrechten Schrittes seinen Weg geht, ein Künstler mit hohen Zielen, der sich nicht auf Kompromisse und Halbheiten einläßt . . .«

Beethoven

Furtwängler ohne Beethoven ist völlig unvorstellbar.
Beethoven war für sein Leben von größter Bedeutung, und
das von Jugend an. Der Dreizehnjährige schreibt schon an
seine Großmutter, daß er an dem C-Dur-Konzert von
Beethoven arbeite und es zu spielen versuche. Auch die
Briefe an Bertel Hildebrand, seine Jugendliebe und spätere
Verlobte, zeugen davon. Sie war ähnlich wie Furtwängler
von Beethovens Musik erfüllt. In ihrem Briefwechsel
nimmt das Werk Beethovens, vor allem auch die Kammermusik, einen entscheidenden Platz ein. Furtwängler erzählte
mir, daß er als Jüngling mit seinem Vater, der zu der Zeit
dort die archäologischen Ausgrabungen leitete, nach Ägina
reiste. Dort stieg der junge Furtwängler schon morgens in
die Pinienwälder und Hügel hinauf und las in der großartigen, einsamen Natur in den Quartetten Beethovens. Ein
Eindruck verstärkt den anderen. Der Vater war eher ent-
täuscht, daß der Sohn sich so wenig für seine Arbeit interessierte, ließ ihm aber volle Freiheit.

Wir sehen auf den frühen Fotos von Furtwängler, welcher Ernst und welche Einsamkeit uns anschauen. Ich glaube, jeder Psychologe, der nur diese Bilder sieht, erkennt sofort, daß hier ein bedeutender Mensch im Werden ist. Bertel Hildebrand schreibt 50 Jahre später, daß ihr Vater — der Bildhauer Adolf Hildebrand — großen Anteil an der Entwicklung des jungen Willi Furtwängler genommen und ihm im Jahre 1901 abgeraten habe, sich nur auf die beiden Größten — Beethoven und Michelangelo — einzustellen. Aber Furtwängler notiert rückblickend 1936: »Mir kommt heute zum Bewußtsein, wie merkwürdig meine leidenschaftliche, jugendliche Einstellung auf den späten Beethoven, auf den späten Goethe war, eine Vorahnung meiner eigentlichen Natur.« Wohl jeder Mensch, der Furtwängler näher kannte, mußte, so meine ich, die Einsamkeit, die ihn umgab, bemerken. Nicht, daß er einsam sein wollte; er war glücklich, wenn er in eine ihm genehme Gemeinschaft hineingezogen wurde. Er schreibt 1945: »... Beethoven ist der Einsamste, und doch haben gerade seine Werke die größte gemeinschaftsbildende Kraft. Was also ist es mit der Einsamkeit? Alle solche Urteile sind voreilige, intellektuelle Fehlurteile.« Ich möchte noch einmal hervorheben, Furtwängler hätte es gewiß abgelehnt, daß er sich bewußt isoliere. Sein Wunsch, in der Gemeinschaft zu leben, war groß. Alles, was er später schreibt über das Gemeinschaftserlebnis, z. B. während des Konzerts, ist das Streben nach dem »Du«. So sagte er mir, keine Note Musik würde geschrieben, wenn nicht der Wunsch dahinter stände, den anderen anzusprechen. All dieses Gerede des Komponierens nur für sich selbst sei falsch, sei verlogen, das stimme nicht.

Die einzige Oper Beethovens, *Fidelio*, spielte im Leben Furtwänglers eine große Rolle, eine wichtige sogar für seine Laufbahn. Zum erstenmal führte er sie um 1913 in Lübeck auf. Er erzählte mir später, daß er bei der Chorprobe des Gefangenenchors — die Solostelle des Tenors bewegte ihn immer aufs tiefste — einen Wutanfall bekam, weil der Sänger sich der Verantwortung dieser Rolle nicht bewußt war: Er fand die kleine Rolle unter seiner Würde. Furtwängler war wütend, er sprang mit einem Fuß auf die Pauke, mit dem anderen war er schon auf der Rampe und — wie er beteuerte — in diesem Augenblick fest entschlossen, diesen Menschen zu erschlagen. Gott sei Dank war der ganze Chor auf der Bühne und bremste den wutentbrannten, jungen Kapellmeister; der Tenor wurde an diesem Tag nicht mehr gesehen. Diese Lübecker *Fidelio*-Aufführung war aber doch der Grund, daß Bodanzky ihn nach Mannheim an die Hofoper holte. Bodanzky folgte damals einem Ruf nach USA und suchte einen würdigen Nachfolger für seine Stelle. Bodanzky und ein Mannheimer Gremium saßen in der Loge, um Furtwänglers Fähigkeit als Operndirigent zu prüfen: Dieser war überzeugt, daß er durchgefallen sei. Er verließ als Letzter, ziemlich verzweifelt, das winzige Opernhaus mit dem Gefühl: das ist vertan. Da sagte ihm der Pförtner: »Die Herren erwarten Sie im Rathauskeller.« Furtwängler wollte eigentlich gar nicht hingehen, aber das erschien ihm auch wieder feige. Also stieg er in den Rathauskeller, trat zögernd an sie heran und begann sofort, von allem zu reden, was schlecht gewesen sei. »Der Patzer da, und haben Sie nicht das bemerkt, eigentlich müßte überhaupt das Ganze anders herauskommen.« Da unterbrach ihn Bodanzky: »Na ja — in Mannheim werden Sie natürlich einen ganz anderen Chor zur Verfügung haben.« Später schilderte Furtwängler, daß er das Gefühl hatte, sein Herzschlag würde aussetzen. Nie mehr in seiner dann folgenden steilen Laufbahn — er wurde ja mit 36 Jahren Leiter des Berliner Philharmonischen Orchesters — hätte er nur eine annähernd so große Freude gefühlt wie in dem Augenblick, als er Bodanzky sagen hörte: »In Mannheim werden Sie natürlich einen ganz anderen Chor zur Verfügung haben.«

Ich habe noch viele *Fidelio*-Aufführungen, von Furtwängler in Wien 1942 und 1943 dirigiert, gehört, in Salzburg drei Jahre hintereinander, 1948/49/50, unvergeßlich mit Flagstad als Leonore, Patzak als Florestan, Schöffler als Pizarro und Greindl als Rocco. In Wien wurde

1953 die Oper auf Schallplatte aufgenommen, mit Martha Mödl, die der Leonore menschliche Wärme verlieh.

1911, noch in Lübeck, las Furtwängler zum erstenmal von Heinrich Schenker die Monographie über die Neunte Symphonie von Beethoven und war fasziniert. Von da ab versuchte er, alle Publikationen von Schenker zu erhalten. Erst 1920, neun Jahre später, trafen sich die beiden Männer in Wien. Schenker hörte den jungen Furtwängler die Fünfte dirigieren und schreibt darüber in sein Tagebuch: »Fünfte Symphonie in sehr runder folgerichtiger Form wiedergegeben; die Zeichen des Dirigenten treffend, oft überraschend glücklich ausmalend, so insbesondere bei der C-Dur-Stelle im Scherzo, wie überhaupt die Führung des Orchesters gar nichts zu wünschen übrig ließ. Der letzte Satz sehr gut im großen wie im einzelnen. Kein Zweifel, daß der junge Dirigent den Weingartners, Nikischs und Strauß' überlegen ist, so daß nur zu bedauern ist, daß er in die Komposition nicht noch tiefer eingedrungen ist.« Schenker wie Furtwängler stellten höchste Ansprüche an eine Beethoven-Interpretation. Von jetzt an suchte Furtwängler Schenker immer auf, wenn er in Wien war. Ihn interessierte vor allem der Begriff des Fernhörens, den Schenker — wie Furtwängler in einem Aufsatz aus dem Jahre 1947 schreibt — »in den Mittelpunkt aller seiner Betrachtungen stellt. Das Fernhören, d. h. das Hören, das Ausgerichtetsein auf eine weite

Ferne, auf einen großen, oft über viele Seiten weggehenden Zusammenhang, kennzeichnet für Schenker die große klassische deutsche Musik«. Dies war Furtwängler wichtig. Ich glaube, daß es Schenkers Einfluß zuzuschreiben ist, daß später die Hörer bei den Furtwängler-Konzerten, insbesondere bei den Symphonien, die geschlossene Form eines Werkes im zeitlichen Ablauf, die Beziehung vom ersten bis zum letzten Takt, erfühlen, ja erkennen konnten. Die große Sachlichkeit Furtwänglers zeigt sich hier, denn Schenker war ein strenger Kritiker. Aber Furtwängler waren Rat und Kritik eines kongenialen Musikers wichtig. Oswald Jonas, der Nachlaßverwalter von Schenker, schreibt in der *Österreichischen Musikzeitschrift* etwa zehn Jahre nach Furtwänglers Tod: »Welcher andere Dirigent von ähnlichem Ruf und in ähnlicher Stellung hätte sich beglücken und noch belehren lassen!«

In den sechs Gesprächen über Musik (F.A. Brockhaus, Wiesbaden, 9. Auflage 1978) mit Walter Abendroth aus dem Jahre 1937 ist Beethoven das Hauptthema. Die Gespräche wurden nach dem Krieg ergänzt durch einen Essay über tonale und atonale Musik.

Walter Riezler, Schüler von Adolf Furtwängler und später Wilhelm Furtwänglers Lehrer, hat eines der besten Bücher über das Musikwerk Beethovens verfaßt, zu dem Furtwängler auf Riezlers Wunsch das Vorwort geschrieben hat.

Ich möchte daraus die letzten Sätze zitieren: »In Beethovens Werk sind Seele und Musik eins geworden wie nur je bei einem großen Musiker. Es ist falsch, auch nur zu versuchen, eines vom anderen zu trennen. Nur als Musiker wird man der Seele dieses mächtigen Mannes inne werden — nicht etwa als Literat oder gar als ›Psychologe‹ — und nur als ganzer Mensch hinwiederum wird man die gewaltige Wirklichkeit dieser Musik begreifen können.«

Der Dirigent Josef Krips schreibt, zehn Jahre nach Furtwänglers Tod aus der Erinnerung an seine Jugendzeit, von 1919: »Furtwängler kannte die ganze Quartett-Musik Beethovens auswendig und spielte sie.« Ich habe eine persönliche Erinnerung daran aus dem Jahre 1943. Das Schneiderhan-Quartett — es setzte sich aus den vier ersten Pulten der Wiener Philharmoniker zusammen — bat Furtwängler, ob es ihm sein neues Programm vorspielen dürfte, und natürlich auch um seine Kritik. Man spielte vor kleinstem Kreis in einem Wiener Privathaus zunächst op. 95 von Beethoven, das sogenannte Quartetto serioso. Furtwängler ging danach zögernd, nachdenklich zum Klavier und spielte das Scherzo auswendig. Dann stand er auf und sagte mit leiser Stimme: »So ungefähr, meine Herren, denke ich es mir.« Beim Nachhausegehen meinte er, da wäre nichts zum Staunen, er habe sich ja jahrelang mit der Kammermusik beschäftigt. Da ich von Wolfgang Schneiderhan erfuhr, daß

Prof. Otto Strasser, der zweite Geiger des Schneiderhan-Quartetts, ihr Schriftführer gewesen sei, bat ich ihn um einen etwas ausführlicheren Bericht dieser Jahre. Netterweise schrieb mir Prof. Strasser darauf: »... In meiner Erinnerung leben gerade diejenigen Ereignisse am lebendigsten in mir fort, die mich seinerzeit äußerst beeindruckten, und dazu gehören natürlich alle Begegnungen mit Wilhelm Furtwängler. Er pflegte uns während seiner Aufenthalte zur Zeit des Krieges in Wien zu sich zu laden und sich von uns vorspielen zu lassen. Ich erinnere mich genau, daß wir das Klavierquintett op. 39 von Brahms mit Furtwängler am Klavier spielten. Furtwängler studierte das Werk mit uns, analysierte es, und Sie können sich denken, wie beeindruckt wir waren. Nachher spielten wir ihm das Brahmssche Streichquartett B-Dur op. 67 vor. Wie immer folgte darauf ein Besprechen. Er setzte sich ans Klavier, gab wieder eine kleine Analyse, und — was mich äußerst beeindruckte — er spielte aus der Primstimme das ganze Quartett, ohne einen einzigen falschen Baß: Wir haben dann in den Jahren das Bruckner-Quintett, das C-Dur-Quintett von Schubert und viele Beethoven-Quartette gespielt. An eine Szene erinnere ich mich genau. Bevor wir noch begannen, setzte sich Furtwängler ans Klavier und spielte Teile aus Beethoven op. 131, cis-Moll. Ich kann Ihnen sogar die Stelle aus dem letzten Satz sagen, die, etwas rezitatorisch, ihm besonderen

Eindruck zu machen schien. Wenn er Zeit hatte, kam er zu unseren öffentlichen Konzertabenden, dabei spielten wir einmal Tschaikowskijs Streichersextett *Souvenir de Florence*, als ich ihn nachher fragte: ›Wieso, lieber Herr Doktor, hören Sie sich ein so triviales Stück wie den Tschaikowskij an?‹ sagte er: ›Ein Komponist muß auch den Mut zur Trivialität haben.‹«

In seiner frühen Jugend beschäftigte sich Furtwängler nicht nur mit der Kammermusik von Beethoven, sondern auch in seinem 16. Lebensjahr, wie er mir erzählte, fast ausschließlich mit der *Missa Solemnis*. Der jetzt in Los Angeles lebende Dirigent Fritz Zweig, der zu Furtwänglers Mannheimer Zeit als dritter Dirigent dort tätig war, berichtete mir vor nicht langer Zeit, wie oft sie beide nach einer Aufführung um den Wasserturm von Mannheim herumgegangen wären und manchmal über eine Stunde diskutiert hätten. Meistens endeten diese Gespräche bei der *Missa Solemnis*. Furtwängler habe sie ihm, dem viel Jüngeren, am Klavier vorgespielt. Diese leidenschaftliche Darstellung, bei der Furtwängler alles um sich vergessen hätte, sei so beeindruckend gewesen, daß der nunmehr über achtzigjährige Fritz Zweig heute noch ergriffen davon erzählte.

Es störte ihn nicht, wenn ich durch sein Arbeitszimmer ging; ob er nun komponierte, sich mit dem zu dirigierenden Werk beschäftigte oder nur Klavier spielte. Einmal brach er beim Spielen ab und fragte: »Weißt Du, was das ist? — Das ist aus der *Missa Solemnis*.« Jahre später geschah dasselbe, aber da wußte ich längst, was sie ihm bedeutete. Ich wünschte, ich könnte den Ausdruck seines Gesichtes und seiner Stimme schildern, wenn er von der *Missa Solemnis* sprach. Er sprach übrigens sehr selten darüber. Trotzdem erinnere ich mich eines Gespräches mit Walter Riezler, in dem beide Männer einer Ansicht waren über die unsagbare Größe dieses Werkes und die Schwierigkeiten, es dem Publikum wirklich nahezubringen. Auf meine drängende Frage: »Warum führst Du sie nicht auf?«, versuchte er, es mir zu erklären. »Ich habe sie verschiedentlich aufgeführt. Alle großen symphonischen Werke Beethovens sind so instrumentiert, daß ein fähiger Dirigent das herausbringen kann, was Beethoven gewollt hat. Anders bei der *Missa*, seinem größten Werk: Sie ist mir nie zu meiner Zufriedenheit gelungen. Ich habe nie ganz das herausbringen können, was in ihr steckt, und uminstrumentieren darf man ja schließlich Beethoven wirklich nicht. So bleibt für mich nur die Entscheidung, dieses wunderbare Werk nicht mehr aufzuführen.« Er fügte leise hinzu: »Und ich kenne es ja.«

Natürlich habe ich Furtwängler oft Beethoven spielen hören. Abends spielte er häufig aus den Sonaten. Eine besondere Liebe hatte er zu opus 90: »Hier beginnt der späte Beethoven«, meinte er. Ich habe sie auch nicht annähernd so von den größten Pianisten interpretiert gehört. In den schweren, schönen Jahren des Exils hatte er Zeit, abends Beethoven zu spielen; das war ein großer Trost für ihn. Ich entsinne mich, daß später, als wir eines Abends am Klavier vorbeigingen, er wie zufällig die dort liegenden Beethoven-Sonaten aufschlug, darin blätterte, sich mir zuwandte und mich festhielt — so erschüttert war er beim Lesen einer Sonate. Wie sehr beneidete ich ihn in diesem Augenblick um die Möglichkeit, die mir verschlossen war, nur aus dem Notenbild allein die Musik zu hören und zu erleben. Immer wieder beobachtete ich bei ihm dieses »Lesen-Hören«. In den Jahren 1945—47, in denen er hauptsächlich komponierte und sich nur abends beim Klavierspielen erholte, meinte er einmal: »Ich wäre ein guter Pianist geworden, wenn nur das ständige Üben nicht die Voraussetzung dafür wäre.«

Einmal spielte er Chopin, angeregt durch eine Pianistin, die ihm am Nachmittag vorgetragen hatte, mit einem so unglaublichen Schwung, daß ich beim Zuhören das Atmen vergaß. Dann sprang er auf: »Wie sind die Pianisten um diesen Komponisten zu beneiden!« Ironisch fügte er hinzu: »Dabei gibt es welche, die ihn gar nicht spielen. Chopin ist ein Riese, ich bewundere ihn. Er ist der Einzige, der der großen Reihe der Schubert, Schumann, Brahms ebenbürtig ist.« Ich muß das aufschreiben, weil ich immer wieder das Erstaunen erlebe, wenn ich erzähle, wie sehr Furtwängler Chopin verehrt hat. Als er an der Scala in Mailand 1950 den *Ring* vorbereitete, ging er trotz anstrengender Opernproben noch zu einem Klavierabend von Cortot, nur um Chopin zu hören. Ein Debussy-Rezital — auch in Mailand — verließ er allerdings einmal bei »Halbzeit« mit der Bemerkung: »Einen ganzen Abend nur knochenlos — das kann ich nicht.« Diese mehr auf das Programm gemünzte Bemerkung hatte nichts mit seiner Bewunderung für den Komponisten Debussy zu tun, dessen Werke er mit Hingebung dirigierte und immer wieder in seine Programme aufnahm. Darüber sagte Arthur Honegger: »Il faisait rendre à l'orchestre les plus subtiles nuances des *Nuages* de Debussy.«

1948 war Furtwängler anläßlich eines Beethoven-Zyklus mit den Wiener Philharmonikern in London. BBC machte damals eine Fernseh-Direktsendung. Ich hatte bis dahin überhaupt noch niemals ferngesehen. Der Fernsehapparat wurde netterweise in der überdimensionalen Albert Hall in meine Loge gestellt. So konnte ich sowohl in weiter Ferne das Orchester spielen hören, wie auch direkt neben mir die im jeweiligen Augenblick gefilmten Gesichter sehen. Unvergeßlich ist der Ausdruck Furtwänglers nach dem Trauermarsch der *Eroica*. Zwischen dem zweiten und dritten Satz machte er ja immer eine lange Pause, um alles abklingen zu lassen. Noch heute denke ich mit Bedauern daran, daß das nicht festgehalten werden konnte für alle die vielen jungen Menschen, die ihn nie erlebten und ihn verehren. Damals empfand ich es aber auch als Indiskretion, die Fernsehkamera in diesen Augenblicken auf ihn zu lenken, denn er wäre gewiß sehr dagegen gewesen. Schon die während des Dirigierens aufgenommenen Fotos berührten ihn peinlich, wenn er sie später sah. Der Soloflötist der Wiener Philharmoniker, Professor Resnicek, hat sehr schöne Aufnahmen von Furtwängler bei den Proben gemacht, und die Philharmoniker schenkten mir ein Album, in das alle diese Fotografien eingeklebt waren; ich freute mich riesig darüber. Furtwängler durchblätterte das Buch und sagte mit komisch-trauriger Miene: »Ich weiß nicht, ich jedenfalls bin nicht mein Typ.«

Im Sommer 1953, während der Salzburger Festspiele, kam Dimitri Mitropoulos öfters nach Aigen in die Waldburg, wo wir zwei Monate lang wohnten. Einmal zum Abendessen waren wir zu dritt allein. Sie sprachen über die Neunte Symphonie von Beethoven, die Toscanini gerade aufgenommen hatte, und mit deren erstem Satz Toscanini — wie Mitropoulos sagte — nicht viel anzufangen wüßte. Er selber hätte auch große Schwierigkeiten, diesen Satz zu verstehen, und fände ihn nicht so bedeutend wie die anderen

Sätze. Ich sehe noch Furtwänglers Gesicht, er schien schon aufbrausen zu wollen, sah dann die ernsthafte Frage im gütigen Blick von Mitropoulos und begann, ihm nun den Satz zu erklären. Als er geendet hatte, sprang Mitropoulos auf und sagte: »Das müssen Sie schreiben, das ist herrlich, ja, so sehe ich es, so verstehe ich es, das m ü s s e n Sie niederschreiben.« Furtwängler, ganz beschämt ob dieses Ausbruches, schaute ihn nachdenklich an: »Ja, aber das steht ja alles drin, von Beethoven geschrieben.« Diese Worte kamen langsam, zögernd von seinen Lippen.

Der Schweizer Komponist Ferdinand Oboussier, Musikredakteur der *Deutschen Allgemeinen Zeitung* in Berlin, schreibt über eine Aufführung der *Coriolan*-Ouvertüre im März 1934: »... Das Erleben dieses Abends überstürzt sich, von Takt zu Takt. In der Mitte, fast im Mittelpunkt des Abends, steht die Ouvertüre zu *Coriolan.* Musik wird zum Drama. Was sonst nur dem Tragöden eignet und fast auf der Bühne nicht mehr wirklich wird, gestern ward es in Musik und Gestik, in dämonischer Hingerissenheit eines darstellerischen Genies erfüllt. Keine Elegie auf den Tod heldischen, tragischen Willens gibt Furtwängler, sondern dessen Sterben selbst, zerbrechende Leidenschaft der Unerbittlichkeit und ihr Hinsinken vor dem unüberwindlichen Gesetz von Natur und Ursprung. Seiner Hand entfahren die Akkordschläge des Orchesters zu Anfang wie sengende

Blitze, in unnennbarer Hingabe verströmt sich die Melodie des Seitenthemas. Mit nagender Eindringlichkeit, beschwörend und bittend, fallen die Geigeneinwürfe der sich rastlos verzehrenden Bewegung in den Arm, bis dann das Verhauchen der Celli wie Todesschauer zu uns dringt.«

Furtwängler sagte in seiner nachdenklichen Art über dasselbe Werk: »Das ist das kürzeste Drama. In zehn Minuten läßt Beethoven eine ganze Tragödie vor uns entstehen und enden.«

Wagner

Der Knabe Furtwängler lehnte Wagner ab; der Fünfzehnjährige schreibt an Bertel Hildebrand: »Wie oft habe
ich Dir gesagt, daß mir nichts über Beethoven geht und
gehen kann. Und nun gar der Wagner, der nie ein richtiger
Künstler war. Ich habe zwar neulich einen echten Wagnerianer kennengelernt, der behauptete, Wagner und besonders der *Tristan* wäre das größte Kunstwerk, aber ich
konnte nur sagen, daß ich Wagner, soweit ich ihn kenne,
und gerade den *Tristan*, gar nicht aushalten kann. Es gibt
auch nicht leicht sentimentalere und romantischere Texte als
zu den Wagner-Opern.« Im selben Jahr schreibt er an seine
Tante Minna, die als Klavierlehrerin eine große Rolle bei
der Musikausbildung des Buben gespielt hat: »*Die Meistersinger* habe ich auch gehört. Sie haben mir leider gar keinen
Eindruck gemacht.« Zwei Jahre später schreibt er zwar
noch sehr negativ über den *Parsifal*, mit dessen Klavierauszug er sich beschäftigte. — Hier fand Furtwängler die
Stimmungssucherei am ärgsten, und er empfand das Werk
als einen riesigen Rückschritt gegenüber den *Meistersingern.*

Aber er schreibt in demselben Brief weiter an Bertel, und es zeigt sich auch hier wieder sein ausgesprochener Sinn für Gerechtigkeit: »Im Ganzen habe ich aber nicht gern, den Wagner gänzlich und einseitig zu verurteilen und über seine Fehler seine Vorzüge nicht sehen zu wollen. Und überhaupt, wenn man über den Wagner urteilen will, muß man ihn auch kennen. Mir scheint er doch jetzt neben dem Schubert der Größte aus der Zeit nach Beethoven.« Dieses »man muß ihn auch kennen« war ein kleiner Vorwurf auch gegen sich selbst. Später fragt Furtwängler immer die Menschen, die ein Werk Wagners kritisieren: »Kennen Sie das Werk auch wirklich?« An solche Bemerkungen erinnere ich mich häufig.

In Lübeck dirigierte er zum ersten Mal *Die Meistersinger*. Aber erst als er in Mannheim war, brachte er alle Wagner-Opern bis auf *Lohengrin* heraus, und vor allem studierte er zum ersten Mal den *Ring* ein. 1918 in Baden-Baden wurde der ganze *Ring* aufgeführt. Der Regisseur und Intendant des Mannheimer Hoftheaters und der Hofoper, Carl Hagemann, schreibt 1919 in den *Mannheimer Theaterblättern* folgendes Interessante über diese *Ring*-Inszenierung: »Durchaus unnaturalistisch und von einfachster formaler und malerischer Struktur, bietet sie keine Schauplätze mit allen möglichen für sich bestehenden Einzelheiten, sondern dramaturgisch richtig erfaßte und klarzügig aufgerissene

Spielplätze. Nichts steht auf der Bühne, was nicht eindeutige Beziehungen zu den Vorgängen des Stückes hat. In durchaus charakteristischen Farben, Formen und Linien wurde jedesmal die Grundstimmung des Aktes und seiner Geschehnisse eingefangen. Das Bühnenbild als solches ist leicht faßlich: architektonisch und malerisch sinngerecht. Mit einem Blick aufnehmbar. Ohne Rätsel, ohne Gesuchtheiten und ohne s e l b s t i s c h e Zwecke. Die Kostüme sind dementsprechend gegenüber den traditionell üblichen ebenfalls vereinfacht. Auch hier soll man durchaus den Eindruck des U n h i s t o r i s c h e n gewinnen. Das von Grund auf neu einstudierte, von Wilhelm Furtwängler musikalisch geleitete Werk kam infolgedessen stilistisch ungemein geschlossen und als einwandfreie Ensembleleistung heraus.« Soweit Carl Hagemann, der Regisseur. — Furtwängler selber erzählte mir öfter von dieser *Ring*-Einstudierung und vor allem auch von den vorhergehenden Wochen, als er sich mit dem *Ring* beschäftigte und ihm die Größe dieses Werkes immer klarer wurde. Er sagte: »Gerade durch die gewisse Beschränktheit der Baden-Badener Bühne waren wir gezwungen, solch ein relativ einfaches Bühnengeschehen ablaufen zu lassen. Das gerade kam dem *Ring* zugute.«

Furtwängler schreibt in den selben *Mannheimer Theaterblättern* wie Carl Hagemann über die Tetralogie: »Der Dichter ist der Schöpfer dieses Werkes, des Dichters Stimme muß klar und vernehmlich aus ihm sprechen. Das geschieht aber nicht, sobald daraus eine Symphonie oder ein psychologisches Drama oder gar ein Ausstattungsstück gemacht wird. Hier liegt die ungeheure Bedeutung der richtigen Aufführung für den *Ring*, denn in dem Moment, wo sich einzelne Faktoren vordrängen, der Regisseur auf Kosten des Musikers, der Musiker auf Kosten des Darstellers, da entsteht eben jene Wirkung des Zusammengesetzten, der Häufung des im tiefsten Sinne unkünstlerischen Nebeneinanders, die der Opposition immer wieder neue Berechtigung zu geben scheint. Mehr noch als ein anderes Werk Wagners kann der *Ring des Nibelungen* durch eine unzutreffende Aufführung in seiner Wirkung gefälscht werden. Richtlinien für eine solche Aufführung kann aber nur die Musik geben. Das hängt mit ihrer Funktion innerhalb des Gesamtkunstwerkes zusammen. Sie ist auch im *Ring* das letzte und differenzierteste Werkzeug des Dichters. Dasjenige, durch das er sich am deutlichsten ausspricht. Sie ist das eigentlich Stilschaffende des Werkes. Von ihr muß daher jede Geste, jede Szene ausgehen, zu ihr wieder zurückkehren. Darum ist der Musiker der eigentliche Vollstrecker des dichterischen Willens.«

Ich zitiere das alles so ausführlich, weil gerade in den letzten Jahren viele neue, »ideenreiche« *Ring*-Inszenierungen stattgefunden haben. »Bärenfell« und »Germanenzau-

ber« gab es offensichtlich schon in dieser ersten Furtwäng-
ler-*Ring*-Inszenierung von 1919 nicht mehr. Ganz zu
schweigen von den späteren, großartigen *Ring*-Aufführun-
gen in Berlin und Bayreuth, mit Emil Preetorius als Bühnenbildner und Heinz Tietjen als Regisseur. Es mag ja sein,
daß nach dem ersten Krieg noch manches Stadttheater mit
dem alten Fundus — schon aus Geldmangel — seine Wagner-Opern ausstattete. Ein Blick auf die Bühnenbilder von
Preetorius belehren uns, welch großartige Einfachheit dort
herrschte. Dazu noch eine Erinnerung, die mir der Regisseur
Herbert Graf erzählte, die, obwohl es nicht um Wagner
geht, hierher gehört, weil sie bezeichnend ist für Furtwänglers Art des Denkens und auch für sein Temperament. Graf
war damals ein blutjunger Regieassistent, er erinnerte sich
nicht mehr, warum er bei diesem Gremium großer Bühnen-
männer — Furtwängler und Bruno Walter gehörten unter
anderen dazu — überhaupt dabei sein durfte. Es muß wohl in
Wien gewesen sein, eine lange Diskussion über *Die Zauberflöte*, und wie man sie aufführen sollte, entwickelte sich. Graf
fiel auf, daß Furtwängler gar nicht sprach, sondern nur
zuhörte. Plötzlich fühlte er sich fest am Handgelenk gegrif-
fen und aus dem Raum gezogen, und das war Furtwängler,
der ihm leise und sehr schnell sagte: »Ich wüßte schon, wie
man sie machen sollte, vor allem sie nicht totreden« — und
schon war er fort. Graf sagte: »Ich fühlte noch schmerzhaft

mein Handgelenk, und das bewies mir doch gleichzeitig, daß es wahr war, was ich da eben erlebt hatte.«

Zurück zum *Ring*, sicherlich ist dieser erste *Ring* für Furtwängler von ausschlaggebender Bedeutung geblieben. Es führt eine klare Linie zu den konzertanten Aufführungen seines letzten *Ring* am Radio 1953 in Rom. Begonnen allerdings schon durch die Kriegseinwirkungen 1943, als er den ersten Akt der *Walküre* in Berlin im Konzert aufführte und erstaunt über die große Wirkung war. Zehn Jahre später nach der römischen *Ring*-Einspielung schreibt er an Preetorius im Dezember 1953: »In Rom habe ich den ganzen *Nibelungenring* im Radio dirigiert und wieder konstatiert, daß dies etwas vom größten ist, was je ein Mensch geleistet hat. Selbst als Oratorium hat diese Musik nicht ihresgleichen.« Rückblickend muß man sagen, daß er seine Endeinstellung zum *Ring* wohl 1918 bereits gefunden hatte. Er schreibt später in seinem Wagner-Nietzsche-Aufsatz über sein erstes *Ring*-Erlebnis im Jahre 1912: »Was mich vorher beim Studium des Klavierauszuges des *Ring* beglückte und erhob, erwärmt und begeistert hatte, konnte ich jetzt größtenteils kaum mehr erkennen. Es war, als ob es nicht dagewesen wäre. Was übrig blieb, schien mir schales, übertriebenes, leeres Theater, und die wenigen offenbaren Schönheiten orchestraler Art konnten in keiner Weise das von innen heraus Verlogene des Gesamteindrucks wettmachen. Ich war von Wagner für lange Zeit geheilt.« Der Sechsundzwanzigjährige hatte ganz klar den Staub gesehen, mit dem das Wagnersche Bühnenwerk um die Jahrhundertwende belastet war, wobei natürlich auch die musikalische Betreuung mitkritisiert wurde. Er hatte übrigens immer eine kritische Einstellung nicht Wagner, sondern den Wagnerianern gegenüber. So sagte er zu mir einmal: »Wenn Du einen Menschen triffst, der nur die Musik von Wagner gelten läßt, vor dem mußt Du Dich hüten.«

Furtwängler dirigierte in den dreißiger Jahren den *Ring* sowohl in Bayreuth als auch viermal in London, davon zweimal in der Coronation Season. Von den denkwürdigen Berliner Aufführungen berichtete ich schon. Dann tritt eine große Pause ein, und erst 1950 kam es an der Mailänder Scala wieder zum gesamten *Ring*. Ich weiß noch, wie die dicken Partituren ins Hotel gebracht wurden, und er mir die Arbeit überließ, die bündelweise zugeklebten Seiten aufzuschneiden. Plötzlich erschienen zwischen den bezeichneten, jahrelang gespielten Partien weiße und jungfräuliche Seiten, von denen noch niemals in der Scala gespielt worden war. So wurde in Mailand zum ersten Mal der *Ring* strichlos aufgeführt. Das Orchester kannte Furtwängler, er hatte in den Jahren 1948/49 je zwei Konzerte mit dem Scala-Orchester gegeben. Die Bereitwilligkeit, ja Liebe des Orchesters Furtwängler gegenüber war sehr rührend. Als ein halbtägiger Streik für alle Angestellten der Scala während der Orchesterproben für die *Götterdämmerung* befohlen wurde, da erklärte sich das Orchester trotzdem zu einer Probe bereit. Ich glaube, daß die erstaunte Verzweiflung Furtwänglers, als er hörte, daß er eine Probe zu wenig haben würde, die italienischen Musiker, die sonst immer mehr diktatorische Dirigenten am Pult gewöhnt waren, so berührt hat, daß der Orchestervorstand kam und sagte: »Maestro, wir sind bereit, diese Probe zu spielen.« Nun war das Erstaunen bei den leitenden Herren der Scala. Es war auch eine herrliche Besetzung. Kirsten Flagstadt, Elisabeth Hoengen, Hilde Konetzni, Ludwig Weber, Set Svanholm, Max Lorenz, Ferdinand Frantz, um nur die Wichtigsten zu nennen. Und während der Aufführungen herrschte eine Spannung im Publikum, von der man sich heute sicherlich keinen Begriff mehr machen kann. Wenn man jetzt den Scala-*Ring*, der neuerdings als Piraten-Platte im Handel zu haben ist, hört, bemerkt man, wie diszipliniert das italienische Publikum diese vielen Stunden zuhörte. Für die Menschen war es ja eine Art Erstaufführung. Claudio Abbado war als ganz junger Mann in einer dieser Premieren und berichtete vor einiger Zeit im italienischen Fernsehen von einer knisternden Spannung im Saal vor dem Erscheinen Furtwänglers, wie er sie bisher noch nicht erlebt hatte. Der *Ring* war ein so großer Erfolg, daß die Scala Furtwängler gleich bat, im nächsten Jahr doch den *Parsifal* zu dirigieren.

Der *Parsifal* brachte die Begegnung mit der großen Künstlerin Martha Mödl. Furtwängler verpflichtete von hier ab Frau Mödl sowohl später für den *Ring* in Rom, wie auch für seine Aufnahme des *Fidelio*. Frau Mödl und Furtwängler verstanden sich ganz ausgezeichnet. Sie berichtet darüber selber im *Fono Forum*: »Der Furtwängler hat immer zu uns gesagt, ›wir verstehen uns, ohne daß es irgendwelcher Erklärungen bedarf, wie Sie es machen sollen.‹ Obgleich er einen scheinbar unguten Schlag gehabt hat, hab ich immer gewußt, was er wollte. Es war halt einfach ein Gespür, das kann man nicht beschreiben. Sein — natürlich viel genialerer — Pulsschlag war irgendwie meinem gleich.«

Über das, was Furtwängler für einen Wagner-Sänger für wichtig hielt, schrieb er: »Für die Durchführung der Gesangspartien genügt gerade bei Wagner nicht allein die schöne Stimme, kann diese daher nicht allein ausschlaggebend sein. Fast ebenso wichtig ist das Wort, die Deklamation.« Und gerade in der Beziehung entsprach Martha Mödl seiner Wunschvorstellung, und er war glücklich, wenn er mit ihr musizieren konnte.

Das konzertante Aufführen des Wagnerschen Werks konnte Furtwängler aber nicht lassen, nachdem er einmal durch die Bomben dazu gezwungen worden war. So hören

70

wir 1950 und 1952 in London mit Kirsten Flagstadt den Schlußgesang aus der *Götterdämmerung*, 1952 an der Radio Italiana in Rom den ganzen dritten Akt aus der gleichen Oper, wieder mit Kirsten Flagstadt und mit Ludwig Suthaus, also seinem Tristan und seiner Isolde von seiner Platteneinspielung des ganzen *Tristan* aus dem selben Jahr. Und schon 1951 bei den Luzerner Festwochen dirigiert Furtwängler im Konzert die Nornenszene, Siegfrieds Rheinfahrt, Rheintöchterszene, Siegfrieds Erzählung, Tod, Trauermarsch und Schlußgesang mit Astrid Varnay und Max Lorenz. Immer war er mit diesen Aufführungen zufrieden und fand, daß das Wagnersche Werk, entblößt von der Szene, einen unheimlichen Eindruck auf das Publikum mache. Die Italiener wurden langsam zu Wagner-Verehrern, denn gerade in Italien hat Furtwängler nach dem Kriege sehr viel Wagner aufgeführt, zuletzt, wie schon gesagt, im Herbst 1953 an der RAI in Rom den ganzen *Ring* konzertant. An zehn Abenden wollte er das große Werk strichlos aufführen. Er begann mit dem *Rheingold*, am 26. Oktober, und dann ging es aktweise weiter bis zum 27. November. Wir waren einen Monat in Rom. Das Orchester kannte den *Ring* kaum, das hatte gewisse Nachteile, aber auch Vorteile. Die Musiker waren gefesselt von der für sie neuen Musik. Sänger wie Orchester waren voller Hingabe an das Werk und seinen Dirigenten. Der größte Arbeiter aber war Furtwängler selbst, der, kaum in sein Hotelzimmer zurückgekehrt, die dicke Partitur aufschlug und, im Raum umhergehend, ab und zu hinblickend, weiter arbeitete. War die vorbereitende technische Arbeit abgeschlossen, vertiefte er sich nunmehr sitzend in die nachfolgende Partitur. So verging für ihn der Monat. Furtwängler, der den Kunstwerken dieser Stadt so zugetan war, nahm sich dieses Mal nicht die Zeit, in Museen oder Kirchen zu gehen. Er beriet mich wie üblich, aber ich mußte allein hingehen und bei den Mahlzeiten darüber berichten. Das »ewige Rom« war für ihn in diesem Monat das Hotelzimmer und der Aufnahmesaal der RAI. Der einem Amphitheater ähnlich angelegte Saal war immer bis zum letzten Platz besetzt. Die Karten waren nicht zu kaufen. Es war eine nur der Musik ergebene Zuhörerschaft. Wie die Eintrittsfrage von der RAI gelöst worden war, weiß ich nicht. Zwei Bedingungen mußten allerdings erfüllt sein: pünktliches Erscheinen, keine Erkältung. So gab es aus dem Zuschauerraum nie einen Laut. Nach jeder Aufnahme wurde am nächsten Tag mit dem Chef der technischen Leitung alles abgehört. Die Radiosendung des *Ring* war d a s Ereignis des Monats und in Rom Gesprächsthema Nummer eins. Als wir nach der letzten Aufführung — dem dritten Akt der *Götterdämmerung* — nach Hause gingen, sagte Furtwängler nach längerem Schweigen nachdenklich: »Ich glaube, ›er‹ wäre heute mit mir zufrieden gewesen.« Nie hätte Furtwängler gewagt, diesen Ausspruch nach einer Aufführung eines Beethoven-Werkes zu äußern, ja nur zu denken.

Ich habe noch eine bezeichnende Erinnerung an diesen *Ring*. Als ich einmal sagte, während er im Hotelzimmer arbeitete: »Also ich finde, jetzt hast Du genug gearbeitet«, sah er mich ernst an, »nein, nur wenn ich es kann, dann können es die andern auch«. Es lag darin Wissen um seine Kraft, um seine Suggestion auf die ausübenden Künstler, aber auch, daß er die Verantwortung für alles übernahm.

Die Kritiker waren nach diesem Rom-*Ring* vor allen Dingen erstaunt über die schnellen Tempi. Das lag allerdings vor allem an den Vorurteilen, die immer einmal wieder in der Presse erschienen, daß Furtwängler so langsame Tempi nähme. Bei der Premiere von *Parsifal* in Mailand kam Dr. Otto Erhardt, der Regisseur, aufgeregt — was er leicht war — nach dem ersten Akt in meine Loge gelaufen und rief: »Er hat Richard Strauß geschlagen!« — »Wieso?« — »Ja, Richard Strauß hat in Bayreuth den berühmt schnellsten *Parsifal* dirigiert, und Ihr Mann hat noch weniger Zeit dafür gebraucht.« (Der erste Akt dauerte bei Toscanini über 120 Minuten, bei R. Strauß 110, bei Furtwängler 103.) Später kam Furtwängler dazu; es wurde diskutiert. Er erklärte, daß er die großen, bedeutenden und wichtigen Stellen durchaus breit nähme, die Schönheit nicht verkürze, wohl aber voranginge und beschleunige und Dinge zusammenfasse, wie z. B. im ersten Akt die Gurnemanzerzählung, und dadurch möge die Endzeit im Ganzen kürzer sein. »Trotzdem: da, wo ich breite Tempi für angemessen halte, da nehme ich sie«, fügte er hinzu. Es war wohl ein Grund, warum man sich in seinem *Parsifal* nicht gelangweilt hat. Das wage ich ketzerischerweise zu sagen, denn ich habe mich manchmal im *Parsifal* gelangweilt.

Im dritten Jahr, also 1952, waren *Die Meistersinger* d i e Wagneroper an der Scala unter Furtwänglers Leitung. Von den Sängern möchte ich vor allem Elisabeth Grümmer erwähnen, die in Stimme wie Spiel eine absolute Traum-Eva war, wie in früheren Jahren Maria Müller. Das Publikum der Scala war nun mit Wagner vertraut. Es war ganz selbstverständlich, alle Jahre einmal Wagner mit Furtwängler am Pult zu hören. So dachte das Orchester, so dachte das Publikum, und so dachte auch ich, denn diese Gemeinschaft des Wagner-Erlebnisses habe ich nur noch bei den *Tristan*-Aufführungen in Wien in den Jahren 1942/43 und 44 erlebt. Es sollte anders kommen. Durch Furtwänglers schwere Erkrankung im Sommer 1952 war der Scala-Traum ausgeträumt. Übrigens habe ich nie den Eindruck gehabt, daß es für ihn schmerzlich war; es war seine, ich möchte sagen, stolze Eigenart, sich mit den unabänderlichen Gegebenheiten sachlich abzufinden.

Nachdem EMI solch einen Erfolg mit dem RAI-*Ring* hatte, bemühte sich die deutsche Tochtergesellschaft Electrola, die *Meistersinger* zu finden. Die Scala-Aufführungen waren bei den Radiogesellschaften nicht aufzutreiben, wohl aber in der DDR ein Band aus Bayreuth aus dem Jahre 1943. Leider sind darin einige Lücken, trotzdem ist es ein interessanter Beitrag zu Furtwänglers Wagner-Darstellungen. Die Presse sprach nach der Aufführung damals von einer mehr kammermusikalischen Darstellung. Es gibt ein Interview aus dieser Zeit mit Furtwängler: »Es wäre falsch, wollte man Wagner pathetisch darstellen, er tritt uns in seinen Werken menschlich und schlicht, ja sogar sachlich gegenüber. Das ist das wesentliche Merkmal gegenüber einer zum Teil mißverstandenen Tradition. Man darf Wagner stets nur als Gesamtpersönlichkeit werten. Der Musiker ist vom Dichter nicht zu trennen.« Es ist eigentlich dasselbe, was er schon 1918 über den *Ring* sagte, nun aber in bezug auf die *Meistersinger*. Furtwängler wehrte sich immer gegen das Pathetische, wenn auch nicht gegen ein echtes Pathos, wo es hingehört.

Zum Schluß aber noch etwas über Regie-Betrachtung: Im Jahre 1949 trat der Filmregisseur Ernst Marischka an Furtwängler heran und wollte mit ihm den *Fliegenden Holländer* verfilmen. Furtwängler antwortete ihm in einem Brief auf die Regieeinfälle: »Daß Sie alle Mittel des moder-

nen Filmes anzuwenden gedenken, ist nur richtig und zeit-
gemäß. Wie weit diese Mittel aber dem Wagnerschen
Kunstwerk entsprechen, bleibt doch wohl noch abzuwarten.
Es ist eine Frage, ob der Eindruck der Helgoländer Küste
(den hatte Marischka vorgeschlagen), also des wirklichen
Meeres und Sturmes, den Eindruck jenes Meeres, wie es
Wagner in seiner Musik verwirklicht hat, erhöht oder nicht
vielleicht irritiert und stört. Die ganze szenische Darstellung
ist von Wagner außerordentlich sorgfältig bei seiner Musik
mit einkalkuliert worden. Sie muß im engsten Konnex mit
dieser Musik durchgeführt werden von einem Regisseur, der
diese Musik auf das genaueste kennt und durchlebt. . .«
Furtwängler war allen neuen Auffassungen interessiert zugewandt, nur wenn sie das entscheidende Wesen des Wagnerschen Dramas zerstört hätten, wäre er ablehnend gewesen. So sah er sich mit großem Interesse, im Gegensatz zu
einigen Kollegen, die dagegen waren, aber das Dirigieren in
Bayreuth doch nicht lassen wollten, die Inszenierungen von
Wieland Wagner an. Furtwängler schreibt darüber — übrigens in einem seiner letzten Briefe — im Oktober 1954 an
Winifred Wagner: »Ich habe mich gefreut zu sehen, welche
Stellung sich Ihr Sohn Wieland geschaffen hat. Was ich mir
anders denke, gerade im Bezug auf Bildung einer neuen
Tradition, habe ich ihm selber gesagt. Aber das Wichtigste,
die Aufrechterhaltung der Leistungen und des lebendigen

Interesses, ist gelungen, und das ist doch die Hauptsache.«

Furtwänglers Dirigentenlaufbahn endete mit den Plattenaufnahmen der *Walküre* im Musikvereinssaal in Wien mit den Wiener Philharmonikern. Das sollte eigentlich der Auftakt sein zu der kompletten *Ring*-Einspielung.

Anfang Oktober verließ er Wien. Er hat keine andere Note mehr dirigiert.

Oper

Der Weg aller großen Dirigenten begann früher in der Oper. Man nannte sich damals auch noch Kapellmeister. Furtwängler schrieb immer, wenn sein Beruf verlangt wurde, »Kapellmeister«. Man war erster, zweiter, dritter Kapellmeister oder Korrepetitor an einem Opernhaus. Furtwänglers Weg begann als Korrepetitor in Breslau, dann folgte Zürich, wo er immerhin die *Lustige Witwe* als Schweizer Erstaufführung dirigierte und sich in die Probearbeit stürzte, als handele es sich um die *Götterdämmerung*, wie er mir erzählte. Das war sie nun gewiß nicht, und bei der dritten Aufführung langweilte er sich schon so, daß er sich überlegte, ob er den Walzer in eins oder drei schlagen sollte. Es gab da für den Komiker Sprecheinlagen, die Furtwängler auch nicht sehr interessierten, ihm aber Zeit ließen, an etwas anderes zu denken. Das nahm ihn wiederum so in Anspruch, daß er nicht bemerkte, daß der Spaß da oben zu Ende ging, und er nun mit der Musik beginnen sollte. Da trat der Sänger an die Rampe und sagte: »Na, dann eben nicht.« Als Furtwängler am Schluß hinter die Bühne ging, kam der

Direktor zu ihm und sagte väterlich kopfschüttelnd: »Mein Gott, Furtwängler, was haben Sie gemacht?« Der Sänger hatte sich natürlich schon beklagt. »Entschuldigen Sie mich, aber es ist einfach zu langweilig!« Furtwängler berichtete weiter: »Ich war zwar zerknirscht, hatte aber doch den Mut zu bitten, mich zu ersetzen, und zu meiner großen Freude hatte man volles Verständnis.« Er war damals 19 Jahre alt. Ich fragte mich nach Wilhelms Schilderung: War das schon die Ausstrahlung Furtwänglers? Oder war der Zürcher Direktor ein so einsichtsvoller, gütiger Mensch?

Das nächste Engagement war Straßburg. Hier hatte kein Geringerer als Hans Pfitzner die Leitung, der auch als Dirigent für Furtwängler ein wichtiges Erlebnis wurde. Furtwängler dirigierte nun schon einige Opern, wie z. B. *Das Glöckchen des Eremiten*. Aber er mußte auch als Zigeuner verkleidet, mit angeklebtem schwarzem Bart, in der *Fledermaus* beim Fest des Fürsten Orlowsky Klavier spielen, was Furtwängler aber offenbar Spaß gemacht hat. Er spielte sehr gut vom Blatt und war stolz darauf. In München hatte er Gelegenheit, bei den Proben für die Erstaufführung von *Elektra* am 14. 2. 1909 als Korrepetitor auszuhelfen. Felix Mottl, der damals schon schwer krank war, dirigierte. Seine zweite Frau, Zdenka Faßbender, die er noch kurz vor seinem Tod heiratete, war die Elektra. Frau Faßbender erzählte mir 1950, wie sehr sie der junge Furtwängler

beeindruckt hätte, weil er sie aus der Partitur — der Klavierauszug kam erst später — bei den Proben auf der Bühne am
Klavier begleitete.

In Lübeck war er »Alleinherrscher«. Die wichtigen
Opern waren *Fidelio* und *Die Meistersinger*. Er schreibt
darüber an den Thomaskantor Karl Straube: »Hier fressen
aber *Die Meistersinger* alles auf. Es ist fast unmöglich,
Durchschnittssängern solche Werke einzubläuen.«

In Mannheim hat er so viele und so viele verschiedene
Opern dirigiert wie nie mehr in seinem Leben: den *Ring*, die
Mozart-Opern, aber auch *Carmen*, die er später wieder so
gern aufgeführt hätte. Als Beispiel seien noch so gegensätz-
liche Werke wie *Salome* von Strauß und *Palestrina* von
Pfitzner genannt. Carl Hagemann, damals Intendant und
Regisseur in Mannheim, schreibt in seinen Erinnerungen
über Furtwängler sehr viel Aufschlußreiches, sicher aus seiner Sicht — und sicher waren die beiden Männer sehr
verschieden: »Ihm fehlte für so manches im Theater Sinn
und Erkenntnis. Als Charakter von seltener Geschlossenheit
und ohne je dem Mittel der Verstellung oder anderen
Unaufrichtigkeiten zu erliegen, mit viel Güte, Nachsicht
und Verständnis für alles Menschliche begabt, sah er viel-
fach die Widerstände auch da gern in der Sache selbst, wo
sie allein bei ihm und seiner Eigenart lagen. Furtwängler hat
wohl Theatersinn, aber kein Theaterblut. Heute wirkt er in

Wilhelm und Elisabeth Furtwängler, Salzburg 1954

Wilhelm Furtwängler, London 1948

Wilhelm Furtwängler mit seinem Sohn Andreas, Clarens 1945

Das Haus in Clarens

der Welt als gefeierte internationale Kunstgröße, als Typ des deutschen Künstlers ganz großen Formats. Ein erfreuliches, allerdings seltenes Beispiel dafür, daß höchste Sachlichkeit zu höchsten Zielen führen kann.« 1920 verließ Furtwängler Mannheim und ging nach Berlin.

1930 hatte ich meinen ersten überwältigenden Operneindruck. *Don Giovanni* — der damals noch *Don Juan* hieß und mit der Höllenfahrt endete — an der Städtischen Oper in Berlin. Furtwängler am Pult und vor allem Maria Ivogün als Zerline. Es wurde deutsch gesungen, und ihre Arie *Hörst Du es klopfen* ist und bleibt unvergeßlich. Vor fast 50 Jahren hörte ich sie und kann noch meinen damaligen Eindruck nachvollziehen. Die Bühnenbilder stammten von Max Slevogt. Vor kurzem sah ich bei einer Ivogün-Schülerin eine Rezension dieser Aufführung. Nur drei Namen nennt der Kritiker: Furtwängler, Ivogün und Slevogt, die allerdings auch mit größter Anerkennung. Genau so war damals der Eindruck auf mich als Primanerin.

Wenn auch in Berlin seine Haupttätigkeit dem Konzert galt, so hat er auch dort nie aufgehört, Opern zu dirigieren. Die Opern, die ich als seine Frau miterlebte, waren: *Die Meistersinger von Nürnberg, Tristan und Isolde, Fidelio, Die Zauberflöte, Figaros Hochzeit, Don Giovanni, Der Ring des Nibelungen, Parsifal, Orpheus und Eurydike, Der Freischütz* und *Othello*. Sie wurden in Bayreuth, Berlin, Salzburg,

Mailand, Wien und Zürich aufgeführt. Dazu kamen noch konzertante Opernaufführungen oder Opernteile in verschiedenen Städten.

Ich werde oft gefragt, ob Furtwängler sich um die Regie gekümmert habe. Er selber hat nur einmal Regie geführt im *Tristan* 1943 in Wien. Es war auch das einzige Mal, daß ich ihn vor einer Aufführung nervös gesehen habe. Im allgemeinen war er der Ansicht, daß die musikalische Leitung einer großen Oper einen ganzen Mann verlangt, und die Regiearbeit ebenfalls. Er ließ auch dem Regisseur volle Freiheit. Schließlich wurde ja vorher alles gemeinsam besprochen. Wenn aber während der Proben etwas geschah, was ihm gegen die Auffassung des Komponisten zu gehen schien, dann sagte er es. Ich entsinne mich an drei »Verstöße« dieser Art. Einmal sollte im *Don Giovanni* Doña Elvira, die verflossene Geliebte, die immer wieder kommt und insistiert, beim Auftreten schon ihre Renitenz zeigen. »Die geht ja allen auf die Nerven«, sagte der Regisseur. Da unterbrach Furtwängler ernst und höflich: »Bitte, diese herrliche Arie ist zu Herzen gehend schön. Natürlich ist es dem Don Giovanni peinlich, auch der primitive Leporello kann sich über Doña Elvira lustig machen. Wir, als Zuhörer, müssen mit ihr fühlen, solange sie singt, das wollte Mozart, sonst hätte er nicht diese Musik geschrieben.« Ein anderes Mal in *Figaros Hochzeit*, als der Graf den Cherubin im Kabinett seiner Frau vermutet und mit gezücktem Degen vor der verschlossenen Tür »morte, morte« singt, war die Regieanweisung: »Sie müssen zwar laut und wütend singen, aber zum Publikum hin müssen Sie ein ironisches Lächeln auf dem Gesicht haben, damit das Publikum weiß, daß Sie ihn ja gar nicht ermorden, sondern nur die Gräfin und den vermuteten Galan ängstigen wollen.« Furtwängler klopfte ab. »Sie irren sich, er meint es in seiner Wut ehrlich. Es wäre ihm zu jener Zeit auch nichts passiert. Mit Ironie hat es überhaupt nichts zu tun, sondern mit echter eifersüchtiger Wut, die zudem durch die männliche Eitelkeit noch verstärkt wird.« Ein drittes Mal in Mailand, *Parsifal*: Kundry will ihn verführen, indem sie ihn an seine Mutter erinnert: »Sie beut dir heut, als Muttersegens letzten Gruß, der Liebe ersten Kuß.« Es war in der Hauptprobe, schon im Kostüm, an der Scala. Furtwängler schaute während der reinen Orchestertakte zur Bühne und sieht, daß sich Parsifal schon erhebt. »Halt, die Länge des Kusses ist bei Wagner genau aufgezeigt«, und er bedeutet dem Tenor, wann er erst auffahren soll. Man muß sagen, daß das nicht viel ist für mehr als ein Dutzend Opern. Es gab auch Regieanweisungen, über die er glücklich war; so Rennerts Idee, den Gefangenenchor im *Fidelio* zusammengeballt auftreten zu lassen, einer sozusagen voll Angst die Nähe des Leidensgenossen suchend. Natürlich kam das dem Chorgesang zugute. Wie oft habe ich die Gefangenen über die Bühne verstreut gesehen, jeden seine eigene ihm vorgeschriebene »Spielastik« machend. Außerdem war diese zusammengeschweißte, ängstliche Menschentraube sehr eindrucksvoll.

Einmal hat Furtwängler auch auf das Bühnenbild Einfluß nehmen wollen. Das war im August 1954, als er für die Salzburger Festspiele 1955 eine Neuinszenierung der *Zauberflöte* übernommen hatte. Er verband mit seiner Zusage den Wunsch, daß Oskar Kokoschka der Bühnenbildner sein sollte. Die Festspielleitung ging sehr gern darauf ein. Ende Oktober waren die ersten Besprechungen hier in Clarens in unserem Haus, und Furtwängler war glücklich, schon Entwürfe für Bühne und Kostüme zu sehen. Es war eine seiner letzten Freuden. Kokoschkas *Zauberflöte* in der Felsenreitschule fand dann unter der Leitung von Georg Solti im Sommer 1955 statt. Die Bühnenbilder waren ein solcher Erfolg, daß ein kleines Zauberflöten-Buch mit Abbildungen herauskam, in das auch Furtwänglers Aufsatz über die *Zauberflöte* aufgenommen wurde. Ich bedaure sehr, daß es nicht — wie schon geplant — im Herbst 1954 dazu kam, daß Kokoschka Furtwängler malte. Die schon gespannte lange, schmale Leinwand stand noch viele Monate in Kokoschkas Atelier.

Ich werde auch häufiger gefragt, was Furtwängler für die Höhepunkte der verschiedenen Opern hielt. Da kann ich natürlich nur von den Opern reden, die er nach dem Kriege dirigierte. Zunächst ist da vor allem die Pamina-Arie der *Zauberflöte* zu nennen, aber auch die erste Arie der Gräfin »Ach, ich habe ihn verloren« aus *Figaros Hochzeit*, in der *Walküre* Wotans Abschied von Brünhilde, im *Freischütz* die Cavatine, im *Fidelio* das Quartett im ersten Akt. Wenn ich das nachprüfe — *Götterdämmerung*: Brünhildes Schlußgesang gehört auch dazu —, sind diese Höhepunkte fast durchweg sehr traurige, aber sehr noble Augenblicke, und das ist nicht Zufall. Es entsprach Furtwänglers Natur.

Ja, und Lieblingsopern? Er bekannte sich zu allen Opern, die er nach dem Kriege aufführte. Eine Ausnahme machte zunächst *Othello*. Gottfried von Einem, der überzeugt davon war, daß diese Oper Furtwängler liegen würde, schlug sie ihm vor. Kaum hatte Furtwängler zugesagt und sich in die Partitur vertieft, war er begeistert und fasziniert. Und da muß ich sagen, bei den »Lieblings«-Opern ist es wie beim »Lieblings«-Werk. Die ganz große Musik wurde in dem Augenblick, wo er sie dirigierte, d i e »Lieblings«-Oper. Und sehr ähnlich war es auch im Konzert. Ich habe von ihm über sämtliche Brahms-Symphonien gehört, daß d a s die größte und schönste und ihm liebste Brahms-Symphonie sei. Aber wenn ich meinen Eindruck wiedergebe, dann muß ich sagen, daß in einem gewissen Abstand nach Beethovens *Fidelio* an erster Stelle von Wagner *Tri-*

stan und Isolde und die *Götterdämmerung* standen, bei den Mozart-Opern *Don Giovanni* und *Die Zauberflöte*. *Der Freischütz* war eine Oper, die Furtwängler immer zutiefst rührte, wie man eben an eine glückliche Kindheit mit Rührung denkt. So empfand er die Musik von Carl Maria von Weber. Und der Zufall wollte es, daß tatsächlich die letzte Oper, die er im Opernhaus dirigierte, am 28. August 1954 *Der Freischütz* in Salzburg war.

Wie aber war er mit den Sängern? Er ging in den Pausen zu ihnen, wenn er spürte, daß ein Sänger oder eine Sängerin nervös war, oder weil er wußte, jetzt, im zweiten Akt, kommt noch eine viel wichtigere Arie, vor der die Sängerin mehr Angst hatte als vor einer anderen. Da fühlte er sich verpflichtet, hinzugehen und ihr Mut zuzusprechen. Frau Seefried z. B. sagte mir: »Welcher Dirigent ist eigentlich wirklich noch in der Pause zu uns gekommen, wenn er das Gefühl hatte, wir waren etwas nervös?« Schließlich ist für einen Sänger jede Opernaufführung, wenn er gewissenhaft ist, eine große Aufregung, und da hatte er einen wunderbaren, beruhigenden Einfluß, wie seine große Ruhe überhaupt auf die Solisten ausstrahlte. Einmal wußte er auch bei einer Generalprobe zu *Tristan und Isolde* in der Wiener Staatsoper die Wogen zu glätten. Während des Vorspiels zum dritten Akt hörte man schon durch den geschlossenen Vorhang Stimmengeräusche; als sich der Vorhang öffnete, saß

Kurwenal allein hinter dem leeren Lager Tristans und hob entschuldigend beide Arme. Aber schon kam Max Lorenz, der Tristan, im langen weißen Hemd aus der Kulisse geschossen, überquerte die ganze Bühne nach links und wieder zurück. Mit empörter Stimme teilte er mit, daß man das mit ihm nicht machen könne, schließlich sänge er ja nur eine »kleine Nebenrolle«, und den Inhalt dieser Sätze wiederholte er während seines Hin- und Herlaufens. Furtwängler kletterte über den Laufsteg auf die Bühne, und nun spielte sich eine Mutter-Kindszene ab. Das Kind wurde gebettet, man brachte eine rote Decke, Furtwängler deckte seinen Tristan sanft zu, eine daneben liegende blaue Decke wurde schnell weggeräumt, sie hatte den Ärger ausgelöst. Tristan wollte unter seiner roten Decke sterben, die er gewöhnt war. Furtwängler stieg wieder herab in den Orchestergraben, die letzten Takte des Vorspiels erklangen, die Ruhe war wiederhergestellt. Edwin Fischer war auch ein Künstler, der sehr unter Lampenfieber gelitten hat. Aber mit Furtwängler hatte er das Gefühl, sozusagen wie an Mutters Hand zu sein. »Wenn ich ihn sah, wußte ich, es kann ja nur gut gehen.«

Wenn Furtwängler allerdings bei einem Sänger merkte, daß dieser nicht vorbereitet war, dann war er schon ärgerlich. Zwar zeigte er es nicht während der Aufführung, denn es war ihm viel zu wichtig, daß die Aufführung so schön wie möglich ablief. Er behielt es auch nur, wenn gegen die Musik verstoßen worden war. Mit »verstoßen« meinte er, daß der Künstler diese große Musik, vor der Furtwängler immer voll Ehrfurcht stand, zu lässig genommen und sich nicht genügend damit beschäftigt hatte. Um so mehr liebte und schätzte er die Künstler, die gut vorbereitet waren, und die — wie z. B. beim Brahms-Requiem — ohne Klavierauszug sangen. Wer den Klavierauszug im Konzert benutzte, war für Furtwängler schon nicht ganz auf der höchsten Höhe; da war er sogar manchmal nachtragend, so daß er diesen Sänger nicht mehr engagierte.

Wenn ein Sänger zu ihm kam und einen Wunsch hatte, nahm er durchaus darauf Rücksicht. Die beiden schon sehr langsamen Arien der Gräfin im *Figaro* nahm er metronomisch noch langsamer als andere Dirigenten. Frau Schwarzkopf schrieb: »Mit ihm ging's auf die leichteste, einfachste Art der Welt — man mußte nie nach Luft schnappen.« Die Sänger hatten es also mit dem Atem leicht. Das lag ganz bestimmt daran, daß Furtwängler selber während des Dirigierens richtig atmete. Bei ihm war alles locker, etwas, was mir immer wieder auffällt, wenn ich jetzt in Konzerte gehe und sehe, wie auch gute Dirigenten häufig verspannt sind. Zum Schluß dieses Opernkapitels möchte ich nochmals Frau Schwarzkopf zitieren, die von Furtwängler an einem Hugo-Wolf-Liederabend 1953 in Salzburg am Klavier begleitet wurde: »Furtwängler bereitete jede Opernvorstellung sorgfältig vor, wie man es heutzutage gar nicht mehr kennt. Ich wüßte nicht, ob es noch viele Operndirigenten gibt, die sogar nach der Premiere jede Wiederholung durchprobieren, und zwar auch am Aufführungstag selbst. Ja, das waren halt Vorstellungen! Das erste Lied in unserem Hugo-Wolf-Programm — »Im Frühling« — sagt besser als ich es könnte: *Alte unnennbare Tage ...!.«*

Schallplatten

Als Furtwängler gestorben war, gab es von seinen jüngeren Kollegen bedeutend mehr symphonische Werke auf
Grammophonplatten als von ihm. Viele Furtwängler-Verehrer haben das nicht nur bedauert, sie konnten es sich nicht
erklären. Immerhin hatte er doch schon 1926 die fünfte
Symphonie von Beethoven für Platten aufgenommen! —
Aber gerade das befriedigte ihn gar nicht. Diese Vier-
Minuten-Seiten, die damit verbundenen ständigen Unter-
brechungen waren nichts für ihn, und er dirigierte für Platten dann nur noch Ouvertüren und kleine Stücke. In der Zeit
nahmen andere Dirigenten mit den Berliner Philharmonikern schon viele Werke auf. Seine Philharmoniker stellten
das damals mit einer gewissen Bitterkeit fest. Die kleinen
Ouvertüren, später von der Deutschen Grammophon-Gesellschaft auf Langspielplatten übernommen, machen doch
einen geschlossenen, interessanten Eindruck. Furtwängler
selber blieb skeptisch. Fred Geisberg, der damals Aufnahmeleiter von »His Master's Voice« war, schreibt in seinem
Buch, wie er sich acht Jahre lang bemüht habe, Furtwängler

dazu zu bringen, ein größeres Werk aufzunehmen. Tatsächlich gelang es; 1937 wurde die *Fünfte* von Beethoven, 1938 Tschaikowskijs *Pathétique* aufgenommen. Die *Pathétique* war ein Riesenerfolg und wurde auch später auf Langspielplatten umgespielt. Noch heute wird diese Aufnahme zum Vergleich mit neueren Produktionen dieses Werkes herangezogen.

Andere Künstler haben sich damals natürlich auch gegen Schallplattenaufnahmen gewehrt, aber nur aus technischen Gründen, die ja auch im Vordergrund standen: Unzufriedenheit mit dem Ton, den man produzierte, Störungen durch die Vier-Minuten-Seite, das Mikrofon nahm einfach, gerade in puncto Orchester, noch nicht genügend auf. Furtwängler meinte, es ginge allenfalls für Gesang. Was er damals — 1930 — darüber schreibt, kommt uns heute teils selbstverständlich, teils anachronistisch vor, denn von der hochgeputschten Perfektion ist man ja teilweise schon wieder abgekommen. Das war damals aber das Ziel aller Grammophonaufnahmen. Furtwängler schreibt darüber: »Zugleich mit der Perfektion kam die Furcht vor den allzu langsamen Tempi, vor den großen Gegensätzen, den Pausen, die Angst vor allem, was extrem, aber zugleich auch vor allem, was gliedernd, formgebend, im tieferen Sinne bildend ist. Das bedeutet eine entscheidende Veränderung in unserem Musizieren überhaupt. Die Musik wurde mehr und mehr ihres motorischen, leibhaftigen, unmittelbaren Charakters entkleidet. Der Rhythmus, der Pulsschlag des lebendigen Herzens, wurde dem mechanisch-schematischen Takt der Maschine angenähert. Die organische Gestalt, bis in die kleinste Gesangsphrase hinein, eines Teils ihres Gehalts an Wärme, an prallem, blutvollem, lebendigem Sein beraubt.«

Ein weiterer Grund kommt dazu, über den sich Furtwängler verschiedentlich geäußert hat: das Fehlen des Gemeinschaftserlebnisses. Er war überzeugt, zum vollständigen Gelingen eines Konzertes gehört neben dem Dirigenten und dem Orchester das Publikum. Der Kontakt zwischen Publikum und Ausführenden ist etwas, das er genau fühlte, und was ja jeder Künstler, jeder Sänger oder Schauspieler fühlt: Geht das Publikum mit oder nicht. Geht es mit, kommt es wirklich zu diesem Gemeinschaftserlebnis, wie bereits erwähnt; das fällt bei der Schallplatte fort. Es ist darum heute für uns so interessant, Live-Aufnahmen zu hören. Der musikalische Mensch nimmt auch eventuelle Huster mit in Kauf. Ich habe mir sagen lassen, daß das schon so weit ginge, daß manchmal ein paar Publikumsgeräusche bei anderen Aufnahmen hineingemischt werden, damit sie lebendiger erscheinen. Das mag übertrieben sein, aber das Erfinden einer solchen Geschichte zeigt, wie wichtig das Publikum zum Gelingen des Konzerts ist.

92

Während des Krieges konnten Techniker von Telefunken Furtwängler überzeugen, daß sich doch bei den Aufnahmeverfahren einiges gebessert habe, und überredeten ihn, gewisse Werke aufzuführen. Ich sage absichtlich »überreden«, denn Furtwängler sträubte sich immer noch. Nun, diese Aufnahmen wurden etwas sehr Schönes, nämlich das Adagio der Siebenten Symphonie von Bruckner, Beethovens *Cavatine* op. 130 und die *Alceste*-Ouvertüre von Gluck. Die beiden letzteren wurden später auch auf Langspielplatten wieder herausgebracht; es ist erstaunlich, wie voll das Orchester klingt. Der Berliner-Philharmoniker-Ton — die berühmten Berliner Baßgeigen — kommt besonders bei der *Alceste*-Ouvertüre unverwechselbar heraus.

Im Kriege entwickelten die Techniker bereits auch Stereoaufnahmen. Natürlich waren es die ersten Anfänge. Es wurde auf Draht aufgenommen. Aber dieses Verfahren wurde noch nicht für Schallplatten, wohl aber für Rundfunksendungen, benutzt. Wir haben als Zeugen Helmut Krüger, der damals der Tonmeister beim Berliner Rundfunk war. Er wurde am Ende des Krieges von den Russen gefangengenommen und mit dem ganzen Bandmaterial und sogar der Bestuhlung des Senders nach Rußland transportiert. Diese Aufnahmen waren zunächst einmal verschwunden. Erst 1965 erschienen russische Schallplatten, nun aber mono, darunter die *Neunte* von Beethoven, sein viertes

Klavier-Konzert mit Hansen und Schumanns Klavierkonzert mit Gieseking. Diese Aufnahmen wurden und werden allmählich von westlichen Firmen herausgebracht. Es ist merkwürdig, beim Anhören dieser im Krieg entstandenen Platten teilt sich dem Hörer etwas von der damaligen Atmosphäre mit: In den letzten Kriegsjahren kamen die Menschen unter großen Schwierigkeiten in die Philharmonie; häufig waren in der Nacht vorher Bomben gefallen, alle hatten auch das Gefühl, vielleicht das letzte Konzert zu erleben. Die Philharmonie wurde ausgebombt, und man siedelte hinüber in die Staatsoper; dann wurde die Staatsoper ausgebombt, und man zog in den Admiralspalast. Dort gab es auch verschiedentlich während der Konzerte Fliegeralarm. Man wartete ab, ob weiter musiziert werden konnte. Das sind Augenblicke großer Spannungen, die sich auch den Aufführungen mitteilen. Diese Stimmung hatte nichts mit den großen Zusammenkünften der heutigen Festspiele zu tun. Alle äußerlichen Gründe des Konzertbesuches fielen vollkommen fort. Es war ein Gewinn für jeden, der da war, von dem man sich heute kaum mehr eine Vorstellung machen kann.

Über Furtwänglers Beziehung zur Schallplatte muß einmal generell gesagt werden: Er war in vieler Hinsicht nicht daran interessiert. Seine Gedanken galten an allererster Stelle dem Komponieren, an zweiter Stelle wollte er gute

Konzerte machen, auf den Konzertreisen mit den Berliner und Wiener Philharmonikern durch Deutschland oder in Paris und London nach dem Krieg sein altes Publikum wieder finden; das waren die Dinge, die ihm am Herzen lagen. Er war allem Kommerziellen gegenüber von einer mehr passiven Einstellung. Ich habe darüber nachgedacht, unter welchen zwingenden Umständen er sich entschloß, ein Werk aufzunehmen. Furtwängler konnte im Grunde nicht »Nein« sagen, um so erstaunlicher, wie wenig Werke in Studioaufnahmen von ihm existieren. Er wollte, daß vom Partner, in diesem Falle von den Schallplattenfirmen, ihm wirklich nahegelegt würde, dieses oder jenes Werk aufzuführen. Das ist der Grund, warum zum Beispiel die *Préludes* von Liszt aufgenommen wurden: Walter Legge, der Aufnahmeleiter der EMI-Electrola nach dem Krieg, hatte Furtwängler bedrängt, doch *Les Préludes* für eine Aufnahme zu dirigieren. Furtwängler war kein großer Liszt-Verehrer. Doch die Aufnahme ist großartig geworden und hat ihm zu seiner eigenen Verwunderung während der Arbeit sogar Freude gemacht. Genauso war es mit dem *Tristan*. Die Schallplattenproduktion kam zustande, weil Furtwängler immer wieder darum gebeten wurde.

Ich selber habe ihm nicht zugeredet, irgendein Werk, das ich gerne auf der Schallplatte gehabt hätte, aufzunehmen. Das hatte einen besonderen Grund. Ich erlebte schwierige

Stunden, wenn die Probeplatten der Werke kamen. Das Abhören fiel n i e zu seiner Zufriedenheit aus. Am liebsten hätte er die Aufnahmen gleich verboten. Manchmal war die Tonlage nicht ganz exakt, er ging zwischen Klavier und Grammophonapparat hin und her; auf alle Fälle entsprach es nicht dem, was er sich erhofft hatte. Die Stimmung sank immer tiefer, und es war schwer, ihn auf positivere Gedanken zu bringen. Der erste große Einbruch nach Jahren kam mit dem *Tristan* 1952. Nach dem Vorhergehenden kann man sich meine Gefühle vorstellen, als die vielen *Tristan*-Probeplatten eintrafen, es war ja gleich ein ganzer Stapel. Die Oper war in London natürlich schon auf Band aufgenommen worden, also war freies Musizieren möglich gewesen. Ängstlich legte ich die Platten auf, und er hörte sich ohne Widerspruch den ganzen *Tristan* an. Danach bat er mich, noch einmal den Schluß des ersten Aktes aufzulegen, und diesen Teil hörte er sich noch zweimal an und war hochzufrieden. Gerade der Schluß, wo alles wirklich sehr schwierig ist, so viele verschiedene Stimmen zusammenkommen, sowohl vom Orchester wie von den Sängern, kam so gut heraus, daß er zum erstenmal zufrieden war und dann auch generell sagte: »Ich muß zugeben, jetzt sind sie so weit, daß man Platten machen kann.« Er hat sogar an die EMI darüber einen Brief geschrieben: »Als ich die *Tristan*-Platten schließlich im ganzen abhörte, war ich vor allem erstaunt über die Wirkung des Wagnerschen Werkes. Hier, wo die ganze Problematik der Bühne wegfällt, kommt es einem erst ganz zum Bewußtsein, wie großartig der musikalische Zusammenhang und die nie erlahmende Inspiration in diesem einzigartigen Werke ist. Wenn man im allgemeinen sagen muß, daß die Platte doch immer nur ein unvollkommener Ersatz für das Gemeinschaftserlebnis der Musik im Konzertsaal ist, in diesem Fall, d. h. zur Erkenntnis des Musikers Wagner, hat eine solche Grammophonaufnahme, die der Musik gleichmäßiger gerecht werden kann als jede Bühnenaufführung, ihre Vorzüge.« Das ist ein sehr zustimmender Brief trotz der kleinen Einschränkungen; selbstverständlich kommt wieder das Bedauern über das nicht vorhandene Gemeinschaftserlebnis zum Ausdruck.

Die Atmosphäre während der Aufnahmen des *Tristan* war nur mit einem Satz zu umschreiben: Es herrschte eine Hochstimmung, vor allem im Orchester, aber auch bei den Sängern, die Furtwängler alle — bis auf die Brangäne — sehr vertraut waren, mit denen er häufig musiziert und die er sich auch gewünscht hatte. Das London Philharmonia Orchestra hatte noch nie, abgesehen von dem Vorspiel und Liebestod, eine Note von *Tristan* gespielt. Nun, dieses Spitzenorchester kannte Furtwängler, kannte seinen Schlag. Furtwängler hat bereitwillig zugestimmt, mit diesem Orchester den *Tristan* aufzunehmen. Ein Vorteil bestand darin, daß jede Routine fehlte. Es stellte sich dann auch heraus, daß diese Überlegung richtig war, denn die Musiker kamen mit großer Freude zu den Proben, was eigentlich recht selten ist. Die *Tristan*-Aufnahmen wurden in knapp drei Wochen fertiggestellt. Der damalige Konzertmeister des Philharmonia Orchestra, Manoug Parikian, schreibt in Daniel Gillis' Buch »Furtwängler Recalled« über diese Aufnahmen:

»Besonders die *Tristan*-Aufnahmen hinterließen bei mir einen dauernden Eindruck, obwohl ich gewöhnlich Wagner-Opern nicht liebe — ich war daher nicht sehr begeistert über die Aussicht, *Tristan* aufzunehmen, was schließlich drei Wochen dauerte. Aber wenn ich jetzt auf die acht Jahre meiner Mitgliedschaft im Philharmonia Orchestra zurückblicke — und den größten Teil davon im Aufnahme-Studio —, so denke ich an diese drei Wochen als an die zu den angenehmsten der ganzen Zeit gehörenden. Furtwängler war der absolute Herr im Studio von Anfang bis Ende, und seine durch nichts zu unterbrechende Konzentration war außerordentlich. Ich erinnere mich besonders, wie er die damals neue Technik der Tonbandaufnahme ausnutzte, indem er lange Abschnitte der Oper spielen ließ, ohne zu unterbrechen, um kleinere Fehler zu korrigieren. Jeder, der die Kontinuität seiner Gedanken unterbrach und störte, reizte ihn. So verließ er tatsächlich einmal das Studio. Die

Aufnahmesitzung sollte noch eine halbe Stunde weitergehen, aber er kam nicht zurück.«

Vom Aufnahmeleiter war das Orchester für mehr Sitzungen, als für den *Tristan* gebraucht wurden, engagiert, und so ergab sich die Möglichkeit, noch ein anderes Werk aufzunehmen. Da Dietrich Fischer-Dieskau noch da war — er sang im *Tristan* den Kurwenal — entschloß sich Furtwängler, die *Lieder eines fahrenden Gesellen* von Gustav Mahler mit ihm aufzunehmen.

Bei der Deutschen Grammophon-Gesellschaft wurde nach dem Krieg von Anfang an mit Tonband gearbeitet. Ein Jahr vor dem *Tristan* nahm Furtwängler mit den Berliner Philharmonikern Schumanns vierte Symphonie auf. Es herrschte am Anfang eine gespannte Stimmung, weil gleich nach ein paar Takten der Tonmeister unterbrochen hatte. Furtwängler wurde etwas ärgerlich: »Sie können die Vierte Schumann von mir unter der einen Bedingung haben, daß Sie uns nicht mehr unterbrechen, weder bei den Sätzen noch zwischen den Sätzen.« Es wurde dann vom Dirigenten und vom Orchester so konzentriert musiziert, daß diese Aufnahme nach wie vor heute noch eine der schönsten dieses Werkes ist, die wir haben, auch von der Technik her makellos. Ein anderes Beispiel: Nach den Aufnahmen der Großen C-Dur-Symphonie von Schubert, auch für DGG, 1951, ergab es sich, daß Zeit übrig war. Auch hier waren die

Philharmoniker für mehr Sitzungen engagiert, und man überlegte sich nun in guter Stimmung, weil alles so schön und glatt gegangen war: Was machen wir noch mit diesen Sitzungen? Nehmen wir noch Haydns Symphonie Nr. 88 auf? Man mußte warten, Partitur und Orchestermaterial mußten erst geholt werden, und so wurde ohne Proben — dafür reichte die Zeit nicht mehr — diese Symphonie gespielt und aufgenommen. Auch das war ein Glücksfall, denn gerade diese Haydn-Symphonie ist eine wunderschöne Aufnahme geworden. Übrigens, beim nachträglichen Abhören war Furtwängler immer bereit, Kritik der Tonmeister anzuhören. Darüber schreibt Tony Griffith von EMI: »Furtwängler hatte gar nichts Diktatorisches an sich, er hörte mit größter Sachlichkeit die Kritiken an, die eben ab und zu bei Aufnahmen nötig sind, und sah es auch ein und richtete sich danach. Es war sehr leicht, mit ihm — wegen seiner großen Sachlichkeit — umzugehen und zu arbeiten.«

Zurück zu den *Tristan*-Platten: Furtwängler war so beeindruckt, daß er zum ersten Mal selber vorschlug, doch den gesamten *Ring* aufzunehmen. Er schrieb bereits kurz nach den *Tristan*-Aufnahmen an EMI, ob sie nicht die *Ring*-Aufführung, die er in Rom mit der RAI, dem italienischen Radio, plante, gleich aufnehmen wollten. Da wären ja auch die günstigsten Bedingungen, ohne Bühne, und so ohne

Ablenkung der Sänger. Aber die EMI lehnte aus vielleicht verständlichen Gründen ab. Sie wollte einfach nur die Wiener Philharmoniker oder das Philharmonia Orchestra haben. Mit solch einem Orchester seien sie bereit, den *Ring*-Aufnahmen zuzustimmen. Und so geschah es ja auch, daß tatsächlich der Anfang mit der *Walküre* in Wien 1954 gemacht wurde. Es war das letzte, was Furtwängler überhaupt dirigierte.

Aber die Aufnahme des *Ring* in Rom wurde als erste auf Schallplatte komplett herausgebracht. Sofort nach Furtwänglers Tod nahm David Bicknell Kontakt mit der RAI auf. Erst wurde der *Ring* abgehört. Das fiel sehr, sehr positiv aus. Die Verhandlungen mit den Sängern und den anderen Firmen zogen sich aber endlos in die Länge, schließlich wurden sogar die Bänder von der RAI gelöscht, und nur noch Probeplatten dieser Bänder waren vorhanden. 1972 endlich — nach 18 Jahren — ist diese *Ring*-Aufnahme von Furtwängler erschienen.

Nach Furtwänglers Tod versuchte EMI, vor allem ein Band der Neunten Symphonie von Beethoven zu finden, und wählte von den beiden vorhandenen das Bayreuther Band aus, obwohl es wegen der Position des Mikrophons Schwächen hatte. Diese Schallplatten wurden ein Riesenerfolg. Es gibt noch eine Neunte Symphonie aus Luzern, 1954 mit dem Philharmonia Orchestra aufgenommen.

Diese wurde abgelehnt, da nicht die Zustimmung aller Sänger zu erhalten war.

Danach wurde es von der Plattenseite her still um Furtwängler. Die Stereo-Schallplatten erschienen, der große Stereo-Boom begann. Wer sich nicht damit zufriedengab, das waren die Furtwängler-Verehrer. Nun geschah etwas, was mich damals doch sehr überraschte. Es kamen junge Männer aus verschiedenen Ländern zu mir oder schrieben mir und bemühten sich in den Radiostationen — und nicht nur in Deutschland —, Bänder und Aufnahmen zu finden und abzuhören. Zu ihrem Erstaunen entdeckten sie ungeheuer viel Bandmaterial, das man als Grundlage für eventuelle Wiederveröffentlichungen benutzen könnte. Und tatsächlich, 10 Jahre nach Furtwänglers Tod, haben EMI und die Deutsche Grammophon-Gesellschaft Neuauflagen von Furtwängler-Platten herausgebracht, so Electrola die siebente und achte Symphonie von Bruckner und die dritte und vierte von Brahms, und die Deutsche Grammophon-Gesellschaft eine Furtwängler-Kassette mit Beethovens Violinkonzert mit Wolfgang Schneiderhan und Bruckners neunter Symphonie.

Nur drei Jahre später wurde zuerst in England, dann in Frankreich, eine Furtwängler-Gesellschaft gegründet. In beiden Ländern gibt es ein großes Furtwängler-Publikum. Nun sah auch die verständlicherweise sehr stereofreundliche

Industrie, daß das Publikum offensichtlich noch andere Werte wohl zu schätzen weiß, nämlich musikalische, interpretatorische Werte, und daß sich diese auch sehr gut verkaufen ließen. Und so kamen mit der Zeit immer mehr Schallplatten von Bändern auf den Markt, mehr bereits als Furtwänglers damalige Studioaufnahmen. Es zeigte sich bald, wie schwierig es für die Schallplattenindustrie ist, Werke, an denen auch andere Künstler — vor allem Sänger — beteiligt waren, zu veröffentlichen. Die Ausschließlichkeitskontrakte der verschiedenen Künstler und Orchester bei verschiedenen Firmen machten das bisher unmöglich. So sind auch bis heute die großartigen Aufnahmen der Salzburger Opernaufführungen, wie *Die Zauberflöte*, *Don Giovanni*, *Fidelio*, *Der Freischütz* und *Othello*, nicht auf dem Markt oder nur — leider — als mittelmäßige Piraten-Platten. Das ist sehr zu bedauern, denn es handelt sich um sehr einheitliche und schöne Aufnahmen.

Ein junger dänischer Forscher, Henning Smidth Olsen, hat in einem Katalog alle Furtwängler-Aufnahmen, Schallplatten und Bänder, zusammengefaßt. Dieser Katalog existiert schon in der zweiten verbesserten Auflage. Er ist ein unglaubliches Arbeitswerk und eine Basis für die Furtwängler-Forschung. Ich selber bekomme häufig Briefe, in denen ich auf Nummern dieses Kataloges angesprochen werde. Von demselben Autor wurde ein Verzeichnis sämtlicher

Aufführungen und Vorträge Furtwänglers seit 1947 herausgegeben. Einige Jahre vorher erschienen schon Furtwänglers Berliner Programme mit den Berliner Philharmonikern, herausgegeben von Dr. Peter Wackernagel. Auch dieses Bändchen hat bereits die zweite Auflage.

Als Furtwängler sich 1952 zur Schallplatte bekehrt hatte, hauptsächlich durch das Durchmusizierenkönnen großer Musikstücke, da war es schon zu spät. Nach seiner Krankheit 1952 trat eine große Pause ein, und 1954 starb er. Wie sehr erstaunt wäre er, und wie sehr würde er sich freuen, daß eine große Verehrerschar auch aus der Monoplatte die Einmaligkeit seines Musizierens erkannt hat, und daß vor allen Dingen junge Musiker in der ganzen Welt das Wahre und Große seiner Musikinterpretation entdeckt haben. So ist Furtwänglers Eindringen in die große Musik für viele Musiker heute Maßstab geworden. Alfred Brendel schreibt in seinem bedeutenden, 1977 geschriebenen Buch »Nachdenken über Musik« (R. Piper-Verlag, München): »Worin man sich heute unter jüngeren Musikern aller Länder am schnellsten einigen kann? In der Bewunderung des Dirigenten Furtwängler.«

Der Leser

Ich kann nicht besser beginnen als mit einem Bericht aus dem Erinnerungsbuch von Bettina Hürlimann-Kiepenheuer, *Sieben Häuser. Aufzeichnungen einer Bücherfrau* (Artemis-Verlag, Zürich): »Obgleich sein Auftreten immer, auch damals schon, etwas Meteorhaftes hatte, wurde er einer meiner beständigsten Freunde. Es fing mit Gesprächen über Literatur an. Da war die kunstbeflissene Gymnasiastin schon so etwas wie eine Partnerin. Furtwängler, der damals alle seine Gastreisen per Bahn machte — es war Ende der zwanziger Jahre —, las auf diesen langen Bahnfahrten ungeheuer viel und war erstaunlich auf der Höhe und impulsiv in seinen Urteilen.«

Ja, und gereist ist er ja weiter sein ganzes Leben, und er las genauso weiter. Aber was? Er las natürlich viele Neuerscheinungen, ähnlich wie er sich moderne Musik »anlas« und nach Möglichkeit anhörte. Aber unbewußt — er hat das nie gesagt — maß er wohl alles an seinen drei Sternen: Homer — Shakespeare — Goethe. Man muß nun nicht sagen, »aha, erzkonservativ«, er hat nie vor mir eine Äußerung des Vergleichs getan, nur er fand immer wieder zu den drei Großen zurück.

Furtwängler liebte es, vorgelesen zu bekommen, ob das ein Buch war oder ein Zeitungsartikel. So las ich ihm im Laufe der Jahre unter anderem nicht nur die ganze *Odyssee* vor, sondern auch große Teile aus *Eckermanns Gesprächen mit Goethe.* Furtwängler war seiner Natur entsprechend jedesmal gefangen, immer auch hier in der Situation des Gehörten, immer bereit, sich zu identifizieren mit dem Stoff. Ich erinnere mich, wie er vom vorletzten Gesang der *Odyssee* bewegt wurde, als endlich Penelope durch Odysseus' herrliche Schilderung des selbst gezimmerten Ehebettes glaubte, daß er ihr Gatte sei. Ebenso traf ihn in den Gesprächen von Eckermann das, was Goethe über sein Verhältnis zu Tieck sagt: »Tieck ist ein Talent von hoher Bedeutung, und es kann seine außerordentlichen Verdienste niemand besser erkennen als ich selber; allein wenn man ihn über ihn selbst erheben und mir gleichstellen will, so ist man im Irrtum. Ich kann dieses gerade heraussagen, denn was geht es mich an, ich habe mich nicht gemacht. Es wäre ebenso, wenn ich mich mit Shakespeare vergleichen wollte, der sich auch nicht gemacht hat, und der doch ein Wesen höherer Art ist, zu dem ich hinaufblicke und das ich zu verehren habe.« Unter den Dramen von Shakespeare stand fraglos der *König Lear* an erster Stelle für Furtwängler. Er sprach nur mit großer

106

Anteilnahme und Erschütterung über das Werk. Er erzählte mir auch, mit welch leidenschaftlicher Begeisterung er schon als Knabe die Königsdramen verschlungen habe, und wie er sich verwundert habe, daß seine Schwester sie nicht lesen wollte.

Schiller gegenüber war er kühl, er hatte ganz deutlich keinen Zugang zu dessen Pathos. Als ich versuchte, sozusagen mit Goethe Schiller zu verteidigen, lächelte er über meine List und meinte: »Weißt Du, ich bin ja kein Professor für Literatur, sondern kann mir erlauben, ganz subjektiv das jeweilige Werk zu beurteilen, nur so für mich«, und, versöhnlich hinzufügend, »für uns«.

Seine deutschen Dramatiker hießen Kleist und Grillparzer. Über Grillparzer schreibt er an Carl J. Burckhardt: »Die Bedeutung von Grillparzer als Dichter, d. h. als Schöpfer von Gestalten und Situationen, als Erschaffer von Menschen, ist bei weitem nicht genug begriffen worden — wohl auch infolge gewisser obenauf liegender sprachlicher Unzulänglichkeiten, die dem Verständnis im Wege stehen. Mir scheint er in seinen besten Sachen geradezu der letzte große Dichter der Deutschen; die ihm eigene Unschuld, Reife und Süße, die Abwesenheit jedes Anflugs von Pose, von Nur-Gewolltem, vom reinen Sein Abziehenden, scheint mir ohne jeden Vergleich.«

Über Furtwänglers Beziehung zu Kleist sagt Walter

Riezler in seinem Furtwängler-Aufsatz: »Furtwängler, der bezeichnenderweise unter den großen Dichtern, die er bewunderte, gerade Kleist, die größte dramatische Kraft der Deutschen und eine der tragischsten Naturen, die jemals dichteten, besonders liebt, sieht hinter diesen Gegensätzen [es ist die Rede von den zwei Welten: Musik und Dichtung] ein Gemeinsames und wird gerade von diesem Gemeinsamen aufs stärkste berührt. Er ist nicht nur Musiker, sondern Künstler in einem weiteren Sinn.« Neben den dramatischen Novellen waren es der *Prinz von Homburg* und *Penthesilea*, die er bewunderte. Als ich ihn auf die *Hermannsschlacht* ansprach, wehrte er energisch ab. Ich fühlte, ihn störte es, daß Kleist sie geschrieben hatte, ähnlich wie es ihn irritierte, daß Beethoven die *Ruinen von Athen* komponiert hat.

Es war vielleicht der Einfluß der Mutter, daß er der angelsächsischen Literatur so zuneigte. Sie hatte dem Jüngling schon Werke Fieldings, Thackerays, Henry James' und auch der liebenswürdigen Jane Austen vorgelesen. Er veranlaßte mich, diese Lücken meiner literarischen Bildung auszufüllen; ich tat es mit Vergnügen.

Alles, was G. B. Shaw geschrieben hatte, las er mit großem Interesse, nicht anders den *Ulysses* von James Joyce. Aber Furtwängler las nicht nur die englisch-irischen Schriftsteller, sondern genauso gern auch das, was aus den USA kam, sei es von Thornton Wilder, Thomas Wolfe oder

Hemingway, hier allerdings nach dem ersten großen Eindruck von *In einem anderen Land* erst wieder *Der alte Mann und das Meer*. Die ihn bewegende Erzählung *Schnee auf dem Kilimandscharo* bat er mich in Baden-Baden, kurz vor seinem Tod, noch einmal vorzulesen.

Ich kann in diesem kleinen Kapitel nur einige mir wichtig erscheinende Beziehungen Furtwänglers zu bestimmten Werken oder Dichtern und Schriftstellern aufzeigen, und zwar unter dem Gesichtspunkt, ob sie typisch für ihn als Menschen sind. Und da wird es den Leser vielleicht erstaunen: Er las lieber etwas von Voltaire als etwas von Rousseau. Ich hatte den Eindruck, Rousseau war ihm unangenehm. Nicht überraschend für Furtwängler-Kenner wird es sein, daß er trotz Anstrengungen — da Ludwig Curtius immer wieder von ihm schwärmte — keinen Zugang zu Proust fand, dessen vorherrschend nostalgische Trauer und auch gewollte Umständlichkeit in den Lebensschilderungen Furtwängler irritierten, während André Gides herbe Klarheit, hinter der echte Tragik und Ehrlichkeit stand, Furtwängler entsprach und anzog.

Es gab zwei Werke, die auch beim wiederholten Lesen für ihn die alte Kraft behielten. *Pan* und *Mysterien* von Knut Hamsun. Vor allem bewunderte er *Pan*. Die Doppelschichtigkeit in diesem knappen Werk hatte es ihm angetan, die nichtgesagten Dinge, die hinter dem äußerlichen Bericht den Leser treffen. So ungefähr drückte er es aus. Daß Furtwängler Hamsuns letztes Werk *Auf überwachsenen Pfaden* erschütterte, ist begreiflich. Wen erschüttert es nicht in seiner Sachlichkeit, ihm steht das totale Schweigen Ezra Pounds gleich begreifbar gegenüber.

Furtwängler hatte keine Angst vor »dicken Büchern«, ob es *Das Reich der Dämonen* von Frank Thieß, *Doktor Faustus* von Thomas Mann oder Robert Musils *Der Mann ohne Eigenschaften* war. Ich erlebte, wie er sie in dieser Reihenfolge — natürlich zeitlich weit auseinanderliegend — las. Schon vom Inhalt her völlig verschiedene Werke. *Das Reich der Dämonen*, mitten im Krieg erschienen und gleich darauf von den Nazis verboten, umfaßt die Geschichte der Griechen, Christen, Byzantiner, Vandalen und Ostgoten von etwa 800 v. Chr. bis 600 n. Chr. Furtwängler war vom Stoff und dessen Behandlung begeistert. Er wollte darum Thieß kennenlernen und stellte dabei fest, daß dieser profunde musikalische Kenntnisse und Verständnis hatte. In der Folge befreundeten sie sich.

Doktor Faustus war wohl eines der letzten Werke von Thomas Mann, das Furtwängler noch gelesen hat, außer den gesammelten Vorträgen im Band *Adel des Geistes*, mit denen er sich noch in den fünfziger Jahren beschäftigte — sie waren ja alle schon früher erschienen. Vom Beitrag *Über Goethes Faust* meinte er mit Genugtuung: »Hier ist er e n d -

110

lich ein Liebender.« *Doktor Faustus* stand er als Musiker und obendrein noch als deutscher Musiker natürlich etwas kritisch gegenüber. (Ich habe dieses Werk, vielleicht wegen Furtwänglers Urteil, bisher nicht gelesen.) »Thomas Mann ist ein Wagnerianer, und da ist er in der Musik zu Hause, über opus 111 von Beethoven sollte er sich lieber nicht auslassen, man braucht ja auch nicht alles zu wissen.«

Robert Musils *Der Mann ohne Eigenschaften* gefiel Furt-wängler sehr. Ich bemerkte, wie er sich freute, darin zu lesen. Es war so etwas wie ein Dauerzustand, denn es sind über 1600 Seiten, er wollte sich auch gar nicht damit beeilen. *Kakanien* war ihm ja vertraut. Er las mir — oh Wunder — selber hier und da etwas daraus vor. Hermann Hesse war ihm liebenswert. Furtwängler las seine frühen Werke mit Vergnügen. »Er hat nicht die Potenz von Thomas Mann, aber er ist der größere Poet«, sagte er einmal. Zum *Glas-perlenspiel*, das heute bei einem Teil der Jugend eine religiöse Weltanschauung bedeutet, hatte er kein Verhältnis. Ich habe den Verdacht, daß er es nie ausgelesen hat. Furtwäng-ler war ein dramatischer Mensch; alles nur Kontemplative lag ihm fern.

Zum Lied, zum Gedicht hatte Furtwängler als Musiker selbstverständlich eine ganz besondere Beziehung. An aller-allererster Stelle stand Goethe. Ob es *Willkommen und Abschied*, *Prometheus* und *Ganymed* waren, die *Römischen*

111

Elegien oder *Der West-östliche Divan*, ich möchte sagen, jeder Goethesche Vers überzeugte ihn, machte ihn froh. Er erfrischte ihn wie eine Beethovensche Sonate oder eine Zeichnung von Rembrandt. Von diesen drei »Freudenquellen« sagte er einmal im Zusammenhang, »es drängt sich das Gefühl auf, daß eigentlich nicht mehr komponiert, nicht mehr gezeichnet, nicht mehr gedichtet zu werden braucht«.

Natürlich fühlte er auch die Schönheit eines Gedichtes von Eichendorff oder Brentano und schon gar von Mörike, für den er auch eine Vorliebe hatte. Sein Verhältnis zu Rilke war schon gespalten. Das lag nicht an Rilkes phänomenaler Dichtkunst, mehr an seinen Briefen, von denen Furtwängler meinte, sie wären schon mit Blick auf eine spätere Veröffentlichung geschrieben, eine Vorstellung, die ihn störte. Eine Welt für sich bedeutete für ihn das Sonett. War es der starke formale Wille, der dahintersteht? — Ich weiß es nicht. Natürlich entzückten Furtwängler Shakespeares Sonette — er besaß verschiedene deutsche Übertragungen; aber auch Weinhebers *Michelangelos Sonette* bewunderte er.

Zum Abschluß dieses Kapitels muß ich noch beschreiben, welch eine große Freude der Theaterbesuch für Furtwängler war, die schönste Ablenkung seines arbeitsreichen Lebens. Er war der aufmerksamste Theaterbesucher, den man sich denken konnte, für jeden Schauspieler der ideale Zuhörer, der das Geschehen auf der Bühne intensiv verfolgte. Für Reflexionen ließ er sich erst hinterher Zeit. Zunächst war er erwartungsfroh. Im Lustspiel *Was Ihr wollt* lachte er ungeniert laut über Malvolio, den Werner Krauß auch hinreißend und ohne Übertreibung darstellte. Berlin und Wien waren ja immer Theaterstädte par excellence. Die märchenhafte *Undine* von Giraudoux mit Käthe Gold in der Hauptrolle bezauberte ihn, und er bedauerte sehr, daß Giraudoux nicht mehr lebte. Er hätte ihn so gern kennengelernt. Ich sollte am nächsten Tag ein Textbuch davon auftreiben, was mir leider nicht gelang. Aber auch ein so kraftvolles Drama wie Zuckmayers *Des Teufels General* begeisterte Furtwängler. Für müde, quälende Haarspaltereien auf der Bühne hatte er keinen Sinn. Es war herrlich, neben ihm zu sitzen. Seine Theaterlust wirkte ansteckend. Die Diskussion kam danach, und hier und da auch manchmal im Abstand zum Gehörten. Ich wünschte nicht nur hundertmal, wieder ein Konzert von ihm zu hören, auch neben ihm im Theater zu sitzen, wäre herrlich, nochmals zu erleben.

Deutschtum und Politik

Furtwänglers Vater, Adolf Furtwängler, lebte als Archäologe ganz in der Welt der Antike, seine Familie kam aus dem Schwarzwald, und das badische Ländle pflegte enge Nachbarschaft mit Frankreich und der Schweiz. So bestand für nationale Themen kein Interesse. Die Mutter, deren Vater ein Freund von Johannes Brahms gewesen war, stammte aus dem Hause Dohrn; ihr Onkel, der Zoologe Anton Dohrn, gründete die berühmte zoologische Station in Neapel, die sein Freund Hans von Marées mit den bekannten Fresken ausstattete. Im Münchner Elternhaus gingen Wissenschaftler und Künstler ein und aus. Wenn man die Aufzeichnungen des Vaters liest, ist man in einer Welt der Freiheit, aber auch der Arbeit. Er war ein disziplinierter Arbeiter. Über die Größe und das Ausmaß seines hinterlassenen archäologischen Werkes kann man nur staunen, besonders wenn man bedenkt, daß er nur 54 Jahre alt wurde. Als er die außerordentliche musikalische Begabung seines Sohnes erkannte, nahm er ihn aus der Schule und ließ ihn, neben seinem nun im Vordergrund stehenden musikalischen

Studium, von seinen beiden Assistenten, zuerst Walter Riezler und später Ludwig Curtius, unterrichten.

Mit Ludwig Curtius lebte Furtwängler Monate in Italien, hauptsächlich in Florenz, und dort in ständigem Kontakt mit dem Hause Hildebrand. Die großartige Persönlichkeit des Bildhauers Adolf Hildebrand hatte einen nachhaltigen Einfluß auf den jungen Furtwängler, mit dessen Tochter Bertel er sich später verlobte. Ich fühlte immer, daß Italien ihm ein vertrautes Land war, das ganz selbstverständlich zu seinem Lebenskreis zu gehören schien.

Beide Eltern beherrschten die englische Sprache, die Mutter in einem solchen Maße, daß sie ihrem Sohn aus englischen Büchern sofort übersetzend vorlas. Nationale Grenzen kannte man nicht, und doch war man deutsch. Ich will es einmal so ausdrücken: Beethoven, Goethe, Winkelmann waren Deutsche, und zu dieser Nation gehörte man, bekannte man sich. Dazu kam die vom Vater ererbte Liebe zur Natur, das Wandern und Bergsteigen, das Atmen des Duftes der Tannenwälder, das Schwimmen in Bergseen. Für Furtwängler, der ja in Berlin geboren war, kam auch noch die karge brandenburgische Landschaft hinzu: Kiefern und Sand und Seen. Wir sprachen oft über diese Landschaft, die ja auch meine Heimat war.

Als der erste Weltkrieg ausbrach, wurde sein Bruder Walter gleich Kriegsfreiwilliger. Furtwängler wurde als

Leiter der Mannheimer Oper vom Militärdienst freigestellt. Ich kenne keine direkten Reaktionen über diese Zeit von ihm. Nach dem Zusammenbruch begann man bald, Furtwängler vom Ausland aus zu Konzerten einzuladen. In dieser für die Deutschen dunklen Zeit — die Inflation hatte begonnen — reiste er nach Schweden. Da haben wir einen Brief an seine Mutter, Dezember 1920, der zum ersten Mal seine Einstellung zum Deutschtum zeigt. Er kündigt ihr ein Paket an, und daß er Devisen für sie mitbrächte. Obwohl er sehr liebevoll in Schweden aufgenommen wurde, schreibt er dennoch: »... Auf den ersten Blick ist alles unendlich sympathisch und angenehm, und erst mit der Zeit kommt man darauf, wie arm dies Leben im Grunde ist. Nur die Natur freilich ist wunderbar, und die Menschen, soweit sie mit ihr zusammenhängen. Alles übrige, zumal die sogenannten ›geistigen‹ Interessen, sind nur so obenhin; tausendmal lieber im geschlagenen, verarmten Deutschland als hier in Reichtum und Wohlleben, in dem alles erstickt. Man kann sich einen guten Begriff machen hier, wie es in England und gar Amerika aussieht. Wir Deutschen können auch heute noch stolz sein und brauchen niemanden zu beneiden...«

Hier muß ich einfügen, daß Furtwängler noch zu einer Generation gehörte, die nicht bei Worten wie »Volkslied« oder »Heimat« usw. sofort peinliche Assoziationen von

116

»Blut und Boden« hatte wie meine Generation. Er war 47 Jahre alt, als Hitler mit dem Regieren begann und uns für immer Worte vergiftete, die andere, glücklichere Völker unbefangen aussprechen können. Hitler hatte alles für sich beansprucht und damit suspekt gemacht. Italiener und Franzosen sprechen ganz selbstverständlich von der deutschen Musik. Zu Furtwängler sagte nach einem Konzert in Wien — natürlich — ein Deutscher: »Warum sprechen Sie immer von der d e u t s c h e n Musik? Beethoven wäre auch als Sizilianer ein Genie.« »Und hätte die Pastorale geschrieben«, entgegnete Furtwängler, wandte sich ab, ergriff mich beim Handgelenk, und schon standen wir auf dem Karlsplatz, den er — immer mit mir im Schlepptau — mit großen Schritten überquerte. Plötzlich blieb er stehen, sein Ärger war verflogen, er stellte ganz gelassen fest: »Dämlich, einfach dämlich, aber typisch.«

Die berühmten goldenen zwanziger Jahre waren eine arme Zeit, eine Zeit der »Pleiten« und für viele des Hungers, aber — und hier spreche ich vor allem von Berlin — es war eine Zeit des Aufbruchs. Das Kulturleben wurde zwar unter großen Erschwernissen durchgeführt, aber es war da, und das im Theater u n d im Konzertsaal. Es war eine geistige Welt, die miteinander unabhängig von jedem Materialismus kommunizierte. Die Programme, die dem Publikum an einem Abend geboten wurden, erstaunen uns, wenn wir sie heute in einer alten Berliner Zeitung lesen. Alle ausländischen Künstler von Ruf traten in Berlin auf, sowohl in der Oper, wie im Ballett oder im Theater. Alle Solisten von Weltruf spielten nirgendwo lieber als in Berlin. Furtwängler führte zudem in seinen philharmonischen Konzerten häufig zeitgenössische, ausländische Komponisten auf, unter anderen Bartók, Ernest Bloch, Casella, Glasunow, Honegger, Kodály und natürlich Strawinsky. Er hielt es einfach für seine Pflicht, diese Komponisten seinem Berliner Publikum vorzustellen. Sein Herz aber gehörte der deutschen Musik, so notiert er 1930: »Die deutsche Dichtung, die deutsche Philosophie, von der die Welt widerhallte, hat von der Existenz der deutschen Musik so gut wie nichts gewußt. Und doch ist diese Musik, wie sich immer mehr herausstellen wird, die heiterste, klarste und tiefste, eigentümlichste Manifestation deutschen Geistes. Die letzte originellste und größte Kunstleistung der neueren Völker überhaupt.« Zu der Zeit begannen die jährlichen Auslandsreisen mit seinen Berliner Philharmonikern; sie vertraten als unpolitische Botschafter die große Musik.

1925, mit 39 Jahren, wurde Furtwängler nach den USA eingeladen, und dirigierte sechs Konzerte mit den New Yorker Philharmonikern in der berühmten Carnegie-Hall; es war ein Riesenerfolg. So war es auch wieder 1926, obwohl da bereits der »Musikpapst« von New York, Olin

118

Downes, anfing, in der *New York Times* gegen Furtwängler scharf Stellung zu nehmen. In seinem Buch »Furtwängler and America« zeigt Daniel Gillis mit genauen Quellen-Nachweisen auf, wie das Intrigennetz gesponnen wurde. Nur Furtwängler selber bemerkte es erst 1927, als es zu spät war. Wenn er nicht allem Gesellschaftlichen gegenüber so gleichgültig gewesen wäre, mit den wichtigen Damen des Patronats diniert hätte, Dinge, die in Amerika — jedenfalls damals — sehr, sehr wichtig waren, dann hätte auch Olin Downes weniger ausrichten können, denn der Erfolg beim Publikum war weiter überwältigend. Die Briefe an die *Times*, die gegen Olin Downes' Kritiken gerichtet waren, zeigten deutlich die Meinung des Publikums. Aber umsonst, er wurde für die Saison 1928 nicht mehr eingeladen.

Hier möchte ich einfügen, was der große, damals noch in den USA lebende Geiger Joseph Szigéti in dem Buch *Furtwängler Recalled* geschrieben hat: »Ich war Furtwänglers Solist in seinen beiden letzten Konzerten mit dem New York Philharmonic Orchestra am 3. und 4. März 1927. Wäre ich nicht damals noch — bedauerlicherweise — so ein junger, egozentrischer Virtuose gewesen, könnte ich noch Genaueres aussagen. So nahm ich nur die unsichere, angespannte Stimmung hinter der Bühne wahr und die demonstrativen Ovationen des Publikums draußen, das gegen ein »Fait accompli« zu protestieren schien. Was meine Anteilnahme erweckte, war ein unerklärliches Gefühl von Unglück, Spannung und Ahnung hinter den Kulissen, was sich mir übertrug, und das resignierte, verzeihende Lächeln des deutlich verletzten Künstlers, ein Lächeln, das den Beifallzurufen mit einem philosophischen ›zu spät‹ zu antworten schien.

Sicher ist, daß das Nazi-Regime ein unüberwindliches Hindernis für seine Rückkehr nach USA war. — Jedoch, wie können wir seine Abwesenheit in den fünf Jahren von 1927 bis 1932 erklären und aus der Welt schaffen?«

Zwanzig Jahre später gelang es noch einmal, Furtwängler von den USA fernzuhalten. Es war merkwürdigerweise fast derselbe Kreis. Und als es sieben Jahre später wirklich zu einem Wiedersehen mit Amerika kommen sollte, da war Furtwängler nicht mehr unter den Lebenden. Die traurigen, enttäuschten, ja verbitterten Briefe, die ich nach seinem Tode aus Amerika von den Menschen erhielt, die ihre Karten für seine Tournee mit den Berlinern im Frühjahr 1955 gebucht hatten, zeigten mir, wie sehr er erwartet worden war.

Wenn auch die ganze Amerika-Situation 1927 ärgerlich war, so waren es nur kleine Schatten. Man muß sagen, daß bis 1933 Furtwänglers Karriere ohne Störung steil bergauf ging, anerkannt von Freunden wie Gegnern. Unbeirrbar konnte er das tun, was er wollte. Als ihm die Leitung der

Wiener Staatsoper nach dem Fortgang von Schalk angeboten wurde, verzichtete er sehr schweren Herzens, um seinem Berliner Orchester die Subventionen zu erhalten, die im Falle seiner Annahme gestrichen werden sollten. Seine damalige Sekretärin, Berta Geissmar, schreibt in ihrem Buch *Musik im Schatten der Politik* über diesen Verzicht. »Furtwänglers Erklärung war: Wenn die Philharmoniker die notwendige, von Preußen, der Stadt Berlin und dem Reich versprochene Subvention zugesichert bekämen, und wenn er in die Lage versetzt würde, die Kontrakte der Musiker so auszustellen, wie es für die Aufrechterhaltung des Orchesterstandards unerläßlich sei, wäre er bereit, in Berlin zu bleiben. Wenn nicht, würde er das Wiener Angebot annehmen.« Im Ganzen gesehen war seine Arbeit befriedigend, und es entsprach der Wahrheit, wenn seine Mutter in ihr Tagebuch schreibt: »Willi ist auf der höchsten Stufe in Deutschland angelangt.« Nie wieder in seinem Leben sollte er so sorgenfrei sein.

Ab 1933 füllte sich das Künstlerzimmer mit Menschen, die nicht nur kamen, um ihm für das Konzert zu danken, sondern um Rat und Hilfe zu holen. Und so blieb es. Es waren Fremde darunter, von denen er gar nichts wußte. Denn, wie man sich vorstellen kann, sprach es sich schnell herum: Der Furtwängler hat den Mut, der setzt sich ein für euch. In der ersten Zeit wurde Furtwängler selber ja nicht angegriffen und konnte sich mit der ganzen Wucht seiner Persönlichkeit und seiner Stellung rücksichtslos für alle einsetzen. Aber bald hatte er einen scharfen Briefwechsel mit Goebbels. In einem offenen Brief am 12. April 1933 trat er in der *Deutschen Allgemeinen Zeitung* für bekannte große Kollegen ein, aber auch für den Regisseur Max Reinhardt. Hauptsächlich aber galt seine Hilfe den Kleinen, Unbedeutenden, rassisch oder politisch Verfolgten, die sonst keine Beziehungen besaßen. Von seinem eigenen Orchester wurde aus rassischen Gründen niemandem gekündigt. Wer wegging, tat es auf eigenen Wunsch.

Die Lage spitzte sich zu, als er sich 1934 für Hindemith einsetzte, dessen *Mathis der Maler* die Nazis verbieten wollten und dann auch verboten haben. Furtwänglers Artikel auf der ersten Seite der *Deutschen Allgemeinen Zeitung*, »Der Fall Hindemith«, wirkte wie eine Bombe. Damals rissen wir uns diese Nummer der *Deutschen Allgemeinen Zeitung* aus der Hand. Es war eine solche Begeisterung, daß sich endlich jemand in der Presse äußerte, der der Kulturpolitik der Nazis den Kampf ansagte. Die Ausgabe dieser Zeitungsnummer wurde gleich noch zweimal nachgedruckt, da die Nachfrage so groß war. Es ging ja auch wie ein Lauffeuer durch die ganze Stadt, man telefonierte seinen Freunden nur einen Satz: »Geh schnell und kauf Dir die Deutsche Allgemeine Zeitung von heute.« Damals sahen

122

wir es nur vom rein Politischen her: Endlich einer, der es wagte, das zu sagen. Wenn ich den Artikel heute durchlese, weiß ich, daß es bei Furtwängler noch um etwas anderes, noch um etwas für ihn Wichtigeres ging. Er sah in Hindemith einen deutschen Musiker, einen deutschen Komponisten. Im Schlußabsatz seines Artikels heißt es: ».. . sicher ist, daß für die Geltung deutscher Musik in der Welt keiner der jungen Generation mehr getan hat als Paul Hindemith.« Der Chefredakteur der *Deutschen Allgemeinen Zeitung*, Fritz Klein, wurde später gefragt, ob Furtwängler diesen Artikel in naiver Ahnungslosigkeit geschrieben hätte, ohne die Konsequenzen zu bedenken, die daraus entstehen könnten. Klein versicherte, daß er Furtwängler gewarnt habe, weil er kommen sah, was dann geschah, und weil er schon erlebt hatte, daß ein Jahr vorher ein anderer bei ihm etwas veröffentlicht hatte und dann seinen Hut nehmen mußte. Furtwängler hat also in vollem Bewußtsein, daß es ihn vielleicht seine Stellung kosten würde, diesen Artikel veröffentlichen lassen. Und so geschah es auch: Da Furtwängler nicht widerrief, mußte er zurücktreten, und er legte gleichzeitig alle Ehrenämter nieder. Natürlich wurde ihm auch der Paß weggenommen. Nach vielen Wochen rief Goebbels ihn zu sich, reichte ihm den Paß über den Tisch: »Herr Furtwängler, Sie können emigrieren, aber Sie werden nie wieder deutschen Boden betreten dürfen, und Sie wissen ja, wir haben ein tausendjähriges Reich gegründet.« Ähnliche Situationen erleben wir heute in Rußland. Solschenizyn wurde aus Rußland gegen seinen Willen »hinausbefördert«, und er weiß, daß er, solange das jetzige Regime besteht, nicht zurückkommen kann. Wir wissen, daß auch andere russische Regimegegner nicht mehr in ihr Land zurückkehren dürfen und ewig darunter leiden werden. Furtwängler wußte, daß er das nicht konnte. Er emigrierte nicht und nahm lieber den Kampf weiter auf sich. Er blieb in Deutschland nur noch als freier Gastdirigent, ohne feste Bindung an irgendein Institut. Toscanini, der Furtwängler immer in seiner Haltung dem Faschismus gegenüber als leuchtendes Beispiel vorgehalten wurde, durfte und kam jedes Jahr, bis zum Ausbruch des Krieges, zu Besuch nach Italien. Weder hatte seine Familie irgendwelche Schwierigkeiten, noch wurde ihm etwas von seinem Besitz fortgenommen. Der Nationalsozialismus war eben um vieles radikaler als der Faschismus.

Am 26. April 1935 dirigierte Furtwängler zum ersten Mal wieder in der Berliner Philharmonie. Erst ganz kürzlich erhielt ich die Fotokopie eines handgeschriebenen Briefes, den die Frau von Adrian Aeschbacher an ihre Mutter nach Zürich geschrieben hatte. Der junge Schweizer Pianist, Adrian Aeschbacher, war Schnabel-Schüler und lebte 1935 mit seiner Frau noch in Berlin. Der Brief ist eine Art

Dokument, da er ein Augenzeugenbericht dieses Wieder-
auftretens ist: »Für uns war gestern ganz großer Feiertag.
Furtwänglers Rückkehr wurde geradezu orkanartig beju-
belt. Schon als der Diener mit dem Taktstock erschien,
jubelte die ganze Menge dem Taktstock zu, und als er, der
große Meister, erschien, ging eine Welle der Freude und
Rührung durch die Masse. Alle standen auf und riefen:
›Bravo!‹ Die Ovationen zum Schluß des Konzertes nahmen
kein Ende. Zwangzigmal wurde er hervorgerufen, die Frau-
en winkten mit Taschentüchern, und alle riefen: »Hierblei-
ben, nicht mehr weggehen, wir wollen Furtwängler!« Die
Polizei wollte zum Schluß aufräumen, die Leute hinauswei-
sen, mußte aber die Unmöglichkeit dieses Vorhabens gleich
einsehen, zog dann schmunzelnd den Kürzeren. So etwas
von Ovation, von Begeisterung und Demonstration habe
ich noch nie erlebt. Alles, was die Menschen heute nicht
sagen dürfen, was sie die lange Zeit des Entbehrens einfach
schlucken mußten, kam hier in einem Herzen freien Lauf
lassenden Jubel zum Ausdruck. Berlin will Furtwängler
haben.« Die jungen Menschen heute können sich schwer
von der Atmosphäre damals einen Begriff machen. Man
hatte ja noch Hoffnungen, daß von irgendeiner Seite eine
Änderung vielleicht kommen könnte. Und auch die Untaten, die fürchterlichen Untaten, waren ja noch nicht geschehen. Rückblickend ist man immer versucht, nur das

Endergebnis zu sehen. Damals lebten viele Menschen zwar unter einem Druck, aber sie resignierten noch nicht. Niemand ahnte, daß dem deutschen Reich in Kürze die totale Zerstörung, und auch vor allem die moralische, bevorstand. 1934 traf ich in New York ein Emigranten-Ehepaar, das mir sagte: »Wir beneiden Sie nur um eins, um ihre Rückfahrkarte.« Man darf nicht vergessen, daß die Emigranten die treuesten Deutschen waren. 1975 wurde der Dirigent Richard Lert in Kalifornien 90 Jahre alt. Die Zeitung in Los Angeles brachte ein Interview mit ihm. Lert erzählt von seinem Leben, das in Wien begann, er spricht von vielen Dirigenten, Kleiber, Szell, Nikisch, aber seine Erinnerungen sind besonders ausführlich und begeistert im Falle Furtwänglers. Er hatte eine warme Erinnerung an ihn. « . . . das war ein feiner Mann. Ich hoffe, daß eines Tages bekannt sein wird, wieviel er der jüdischen Bevölkerung in Deutschland vor dem Krieg geholfen hat. Es sind da so viele Mißverständnisse, und Furtwängler ist sehr schlecht und ungerecht behandelt worden. Er schrieb nicht nur viele Briefe, um der jüdischen Bevölkerung zu helfen, sondern er riskierte persönlich auch sehr viel.« Lert war verheiratet mit der sehr erfolgreichen Schriftstellerin Vicki Baum, die auch eine große Furtwängler-Verehrerin war. Man muß wissen, daß gerade zu Beginn des Naziregimes die Emigranten froh waren, daß ein Mann wie Furtwängler in Deutschland blieb, erst hinterher wurde der Stab über ihn gebrochen. Max Reinhardt ließ vernehmen: »Hoffentlich bleibt Furtwängler in Deutschland, solche Leute müssen in Deutschland bleiben.« Und in diesem Sinne schrieb er ihm. Furtwängler war ein Künstler, also ein sehr sensibler Mensch, so mutig, ja auch kampfesfreudig er war, so wurde er immer wieder von Zweifeln geplagt: »Habe ich richtig gewählt, in Deutschland zu bleiben?«, aber seine innere Stimme bestärkte ihn immer in seiner Entscheidung. Besonders quälte er sich, wenn er Freunde im Ausland traf, die die Emigration gewählt hatten und häufig hatten wählen müssen. So riet ihm einmal in Paris die Enkelin Richard Wagners, doch einfach seine Rückreisekarte durchzureißen, so einfach sei das. — Einen anderen Bericht haben wir von der Frau Arnold Schönbergs, die ihr Treffen mit Furtwängler in Paris 1933 schildert: »Furtwängler.. knew that the Germans had done a terrible wrong to Schönberg and he suffered for it as a German, and felt it his duty to interfere. Not only as a musician but also as a friend. But the most remarkable moment came when he, more desperate than Schönberg [himself], cried out: ›What shall I do now?‹ Arnold told him: ›You have to stay and conduct good music.‹ He did, and whatever trick was used to soil his name, instigating a whisper campaign and later a very loud one: he never was a Nazi. So I shall erect to him a monument in my heart and forget the already forgotten Toscanini. Because Furtwängler tried to serve art and not let art serve him.«

Während des Krieges stellte Furtwängler seine Konzertreisen in das besetzte Ausland ein, denn er wollte nicht — plötzlich im Gefolge von Panzern — in ein Land wie z. B. Frankreich kommen, wo er als Gast vor dem Kriege immer gern gesehen war. Er ging nach Schweden und in die Schweiz. Einmal reiste er sogar mit den Wiener Philharmonikern nach Stockholm, wo er sofort Kontakt mit Issai Dobrowen suchte, der dort während des Krieges in der Emigration lebte. Ihre gemeinsamen Mahlzeiten waren der deutschen Botschaft ein Dorn im Auge, und ein Botschaftsangestellter bekam den Auftrag, Furtwängler das mitzuteilen. Er traf ihn im Hotelkorridor; Furtwänglers Zorn über die Einmischung in sein Privatleben war derart heftig, daß der junge Mann das Hotel fluchtartig verließ. Viele seiner Berliner und Wiener Zuhörer lebten nun in Schweden und füllten das Künstlerzimmer. Es war immer ein schmerzliches Wiedersehen, Furtwängler verkörperte für sie die Heimat, während er sich seiner Machtlosigkeit, irgend etwas ändern zu können, bewußt war. Er hatte keinen anderen Trost zu geben als die große Musik, die ihnen genau wie ihm gehörte, und die niemand fortnehmen konnte. 1948 gab er in London sein erstes Nachkriegskonzert. Das Künstlerzimmer in der Albert-Hall, das im Gegensatz zum Konzertsaal sehr klein ist, war gestopft voll mit Menschen, die alle deutsch sprachen und Furtwängler die Hand drücken wollten, alle äußerten ihre Freude, ihn wieder hören zu können. Die Empörung des in den USA erscheinenden Blattes *Der Aufbau* über die »gesinnungslosen Juden«, die zum Nazikonzert von Furtwängler gekommen wären, war groß. Die Emigranten wußten, daß Furtwängler kein Nazi war, *Der Aufbau* konnte es vielleicht nicht wissen.

Es war ein Zweifrontenkrieg, im eigenen Lande ein bespitzelter Gegner, im Ausland ein Nazi, beschimpft und geschmäht.

Die Konzerte während des Krieges waren spannungsgeladen, und diese Spannung wurde zunehmend größer. Ein großer Teil des Publikums setzte sich aus Gesinnungsgenossen zusammen, wenn ich mich einmal so ausdrücken darf. Rudolf Pechel, einer der wenigen, die das Konzentrationslager überstanden, schrieb, daß in die Furtwängler-Konzerte die Leute des Widerstandes gingen. Hier trafen sich viele, die nach dem 20. Juli getötet wurden, wie Graf Bernstorff, der noch im April 1945 durch Genickschuß sterben mußte. Jedes Konzert wurde dreimal wiederholt, so füllte sich die alte Philharmonie viermal. Die Konzertbesucher mußten teilweise über Trümmer steigen, um in die Bernburger Straße zu kommen, bis auch die alte Philharmonie durch Bomben zerstört wurde. Ich traf damals einen Bekannten, von dem ich gehört hatte, daß er in der vergangenen Nacht ausgebombt worden war, und begrüßte ihn in der Hoffnung, daß es offenbar eine Fehlmeldung gewesen sei. »Nein, ich bin schon ausgebombt heute nacht, aber was könnte ich da Besseres tun, als in ein Furtwängler-Konzert zu gehen?« Der Bombensegen wurde immer stärker, trotzdem wurden die Konzerte noch durchgeführt, und ich möchte hier Boleslaw Barlog, den späteren Intendanten der Berliner Theater, zitieren: »Alle 8 oder 14 Tage ein Furtwängler-Konzert war Grund zum Überleben.« Das war es also, was auch Furtwängler fühlte: Seinem deutschen, um viele Menschen ärmer gewordenen Publikum, dem zu Liebe war er geblieben.

In den letzten Monaten des Krieges gaben die Nazis ihre Haltung Furtwängler gegenüber auf. Sie hatten ihn ja jahrelang schamlos als Aushängeschild mißbraucht. Über seine Gesinnung hatten sie sich wohl kaum Illusionen gemacht, jetzt nützte er ja auch nicht mehr ihrem Image. Er bekam von seriöser Seite verschiedene Warnungen, die er zunächst nicht ernst nahm. Als er in die Schweiz reisen sollte — Ernest Ansermet hatte ihn eingeladen, sein Orchester in Genf zu dirigieren —, bekam er den dringenden Rat, nicht mehr zurückzukommen. Er glaubte an den Ernst der Warnungen erst, als er von Berlin nach Wien reiste und bemerkte, daß er Begleiter hatte, die ihn auch in Wien nicht aus den Augen ließen. So fuhr er nicht nach Berlin zurück. Da in dieser Zeit alle Visa schon Monate vorher beantragt und auch schon in seinem Paß vermerkt waren — Ansermets Einladung lag ja auch schon über ein Jahr zurück —, reiste er im Februar 1945 in die Schweiz ein, bis zuletzt fürchtend, daß es verhindert würde.

Ich muß hier noch einfügen: Als Furtwängler im August 1944 nach Luzern zu den Festspielen für zwei Konzerte eingeladen worden war, nahm er mich und meinen dreijährigen Sohn Thomas mit. Kurz vor unserer Rückreise überraschte er mich mit seinem Wunsch, der fast eine Bestimmung war: »Du bleibst mit Thomas hier.« Ich erwartete ein Kind, und da in Deutschland auch die Kliniken nicht von Bomben verschont wurden, wollte er, daß sein Kind in der Schweiz zur Welt käme. So waren wir getrennt bis zum Februar. —

Die beiden Konzerte mit dem Orchestre de la Suisse Romande in Genf und Lausanne verliefen reibungslos, das anschließende Konzert mit dem Tonhalleorchester in Zürich wurde noch während der Proben unterbrochen und dann verboten. Die Presse hatte eingegriffen. Als er danach in Winterthur mit dem dortigen Orchester die achte Symphonie von Bruckner dirigierte, fand während des Konzerts eine organisierte Demonstration statt. Die Polizei mußte mit Wasser die Demonstranten, die in den Saal eindringen wollten, abhalten. Als die Konzertbesucher — das Konzert war ausverkauft — auf die Straße kamen, mußten sie durch Wasserpfützen und eine sie beschimpfende Menschenmauer gehen. Später, als wir durch die schon gelichtete Menschenmenge gingen, wurde Furtwängler nicht einmal erkannt.

Die Einnahmen aus den Schweizer Konzerten waren schnell verbraucht. Ein Freund und Musikmäzen, Dr. Werner Reinhard, gab uns die Möglichkeit, in der Schweiz zu leben, und der Kanton Vaud, das Waadtland, gab uns die Aufenthaltsgenehmigung. Dieser kurze Satz liest sich schnell und beinhaltet viel. Es war ein langer Weg bis dahin. So lebten wir zweieinhalb Jahre in Clarens ohne Einkommen. Furtwängler reiste für kurze Zeit sowohl nach Wien wie nach Berlin, immer aktiv bemüht, die Entnazifizierung in Gang zu bringen. Doch erst im April 1947 fand das erste Konzert in Rom statt.

Diese zweieinhalb Jahre waren ein Kampf um die Rehabilitierung, ein Kampf, um wieder arbeiten und auch seine Familie ernähren zu können. Daß es gleichzeitig das große Glück bedeutete, daß er seine Kompositionen fertigstellen konnte, habe ich schon erwähnt. In dieser Zeit wurde Furtwänglers Name — ich kann es ruhig sagen — in der Presse durch den Dreck gezogen. Er war ohnmächtig dagegen, denn die Schweiz erlaubte ihm den Aufenthalt nur unter der Bedingung, daß er kein Wort zu seiner Rehabilitierung

sagen würde. In dieser Zeit finden wir eine Notiz in Furtwänglers Agenda 1946: »Ich habe versucht, mich sehr
genau zu prüfen. Ich bin nicht besser als andere. Immerhin
muß ich sagen, was mein Instinkt war. Und da sind es zwei
Dinge: Die Liebe zu meiner Heimat und meinem Volk, die
ein körperlich-seelisches Ding ist, und das Gefühl, hier eine
Aufgabe zu haben, Unrecht zu lindern. Hier nur wird um die
Seele des deutschen Volkes gerungen, draußen wird nur
protestiert. Das kann jeder.« — Endlich war es so weit:
Furtwängler war entnazifiziert worden, am Schluß der Ver-
handlung sagte er unter anderem: »Die Sorge, vom Nationalsozialismus für seine Propaganda mißbraucht zu werden,
mußte für mich zurücktreten vor der größeren Sorge, die
deutsche Musik — soweit es ging — in ihrem Bestand zu
erhalten, mit deutschen Musikern für deutsche Menschen
weiterhin Musik zu machen. Die Menschen, denen einst
Bach und Beethoven, Mozart und Schubert entstammten,
lebten auch jetzt unter der Oberfläche eines ausschließlich
auf Krieg eingestellten Regimes weiter. Niemand, der damals nicht hier in Deutschland war, konnte beurteilen, wie
es hier aussah. Meinte Thomas Mann wirklich, daß man im
Deutschland Himmlers nicht Beethoven musizieren durfte.
Konnte er sich nicht denken, daß niemals Menschen es
nötiger hatten und schmerzlicher ersehnten, Beethoven und
seine Botschaft der Freiheit und Menschenliebe zu hören, zu

erleben als gerade die Deutschen, die unter dem Terror Himmlers leben mußten.« Der Schriftsteller Ernst Lothar, Max Reinhardts Assistent, war nach dem Krieg als Emigrant von der amerikanischen Besatzung als Offizier für Kunstfragen in Österreich eingesetzt. Er schreibt in seiner Gedenkrede nach dem Tode Furtwänglers: »Er war durchaus in allem ein Deutscher und blieb es, trotz Anfechtungen. Deshalb verließ er seine geschändete Heimat nicht, was ihm von denen, die ihn nicht genug kannten, zur Schande gerechnet wurde. Aber er blieb nicht bei Hitler und Himmler, er blieb bei Beethoven und Brahms.«

Ich habe mich gezwungen, noch einmal alle Quellen durchzulesen, bevor ich dieses Kapitel geschrieben habe. Die Briefe an Furtwängler von emigrierten Freunden ebenso wie Zeitungsartikel aus den USA und Europa. Es war eine bittere Arbeit, und mir wurde klar, Furtwängler hat immer an der Front gestanden. Er emigrierte nicht, aber er gehörte auch nicht zur »inneren Emigration«. Er war immer ein Kämpfer. Viele Jahre später sagte mir einmal lächelnd Edwin Fischer: »Man hatte immer das Gefühl, er hielt Ausschau — wo steht der nächste Feind?« Und dieser Mann wurde nun überhäuft mit Lügen und Schmähungen. Ich kann dem Leser nicht ersparen, als Dokument für viele, das Telegramm zu lesen, das Erika Mann aus Zürich nach New York an die *Herald Tribune* sandte.

»In einem Bericht aus Berlin vom 25. Mai beschreibt Mr. John Elliot den ›stürmischen Beifall‹, den Dr. Wilhelm Furtwängler, unlängst ›entnazifizierter‹ deutscher Dirigent, erhielt, als er zum erstenmal seit Kriegsende das Berliner Philharmonische Orchester leitete. ›Eine kosmopolitische Menschenmenge‹, sagt Mr. Elliot, ›vergaß die Nationalität und die Nachwehen des Krieges‹. Und dann zitiert er Mr. Erich Clarke, den Leiter der Abteilung Theater, Film und Musik bei der Informationskontrollbehörde der amerikanischen Militärregierung, folgendermaßen: ›Es hat mich gefreut zu sehen, wie die Leute dieses eine Mal die ganze Politik vergaßen und sich in der Musik verloren ... Die Menge applaudierte 15 Minuten lang und veranlaßte den Dirigenten, 16mal wieder auf das Podium zu kommen, um sich für die Ovationen seiner Bewunderer erkenntlich zu zeigen.«

Wer waren diese ›Bewunderer‹ und was brachte sie dazu, fünfzehn Minuten lang zu applaudieren? Laut Mr. Elliot erwies ein internationales Publikum einem Dirigenten aus dem guten und einfachen Grund, daß ihm seine Musik gefallen hat, seine Hochachtung. Und kein Zweifel, Dr. Furtwängler versteht sein Handwerk, selbst wenn er — wie es an dem betreffenden Abend der Fall war — nur ein oder zwei Proben gehabt hat, und das Orchester, ein provisorisches Ensemble, von dessen Mitgliedern zwei Drittel nicht dabei waren, als der Maestro die Philharmoniker Anfang 1945 zum letztenmal dirigierte, nicht den Anforderungen entspricht. Wollen wir also annehmen, daß das Konzert gut war. Dank eines mittleren Wunders ist es vielleicht sogar hervorragend gewesen.

Aber hervorragende Konzerte werden fortwährend in New York, Boston und Philadelphia gegeben, ohne amerikanische Musikfreunde zu einem fünfzehnminütigen Applaus zu veranlassen. Ich erinnere mich auch nicht eines einzigen Konzerts in Paris oder London, dessen mit Beifall bedachte Vorzüglichkeit das Publikum nötigte, den Dirigenten 16mal zum Erscheinen auf dem Podium zu zwingen. Wie es in Moskau aussieht, weiß ich nicht, aber es kommt mir unwahrscheinlich vor, daß die Sowjets zu Ehren einer Persönlichkeit, deren öffentliches Auftreten sie gemeinsam mit ihren Verbündeten fast zwei Jahre lang verhindert haben, ›die Nationalität und die Nachwehen des Krieges vergessen‹ haben sollten.

Man darf also annehmen, daß Dr. Furtwängler seinen Triumph in erster Linie seinen Landsleuten verdankt. Hatten diese aber wirklich ›die ganze Politik vergessen und sich in der Musik verloren‹? Oder gebrauchten oder mißbrauchten sie nicht eher die Musik zu dem Zweck, eine politische Demonstration in Szene zu setzen?

Vieles spricht für die letztere Vermutung. Die ›Entnazifizierung‹ ist, wie allgemein bekannt, höchst unpopulär bei den Deutschen, die keine Gelegenheit auslassen, lautstark, deutlich und rührig ihre ›Opfer‹ und ›Überlebenden‹ zu feiern. Das haben sie — um ein Beispiel von vielen möglichen anzuführen — im Fall von Gustaf Gründgens, Schauspieler, Regisseur, Nazi-›Staatsrat‹, Senator und Intimfreund Görings, getan, als die Russen schließlich sein Wiedererscheinen auf einer Berliner Bühne durchsetzten. Das haben sie im Fall von Dr. Furtwängler getan, Hitlers gehätscheltem Maestro und musikalischem Propagandisten im Ausland. Und sie werden es weiter tun, solange Berichterstatter der Alliierten ihre ausdrücklich politischen Demonstrationen fälschlich für Ovationen von Kunstbegeisterten halten.

Daß eine Anzahl (wie viele genau, möchte man gern wissen) von Nicht-Deutschen zu Furtwänglers Eroberung von Berlin beigetragen hat, ändert kaum den Charakter der deutschen Veranstaltung. Dieser Charakter wird ferner von der Tatsache illustriert, daß bis heute kein großer antifaschistischer Dirigent oder Virtuose aufgefordert wurde, ein Comeback in Berlin zu veranstalten. Weder Toscanini noch Bruno Walter, weder Huberman noch Adolf Busch, Männer, deren weltberühmte Kunst ›Führer‹ Hitler seiner musikalischen Nation vorenthalten hat, scheinen gefragt zu sein.   Zürich, 31. Mai 1947.«

[*Aus dem Englischen von Wolfdietrich Müller*]

Furtwänglers Brief an Thomas Mann, der auch auf den Artikel seiner Tocher eingeht, ist in dem Band mit seinen Briefen abgedruckt. Ich möchte nur einen Satz daraus zitieren: » ... 15 Minuten Applaus ist für Berlin und Beethoven nichts Außergewöhnliches. «

1948 wurde Furtwängler wieder vom Ausland eingeladen. Weder in Paris, noch in London, und auch in Italien — dort dirigierte er ja schon, bevor die Amerikaner ihr placet unter die deutsche Entnazifizierung gegeben hatten — standen in den Zeitungen Angriffe, ganz zu schweigen von den überfüllten Konzertsälen und dem Applaus.

Im August 1948 fragte Chicago an, ob er die Leitung des Orchesters übernehmen wolle. Furtwängler sagte höflich ab. Chicago insistierte, Furtwängler bedauerte, Chicago sandte seinen Intendanten nach Hamburg, wo Furtwängler konzertierte, er mußte ohne unterzeichneten Vertrag zurückfahren. Schließlich, nachdem Chicago auf seine Bedingung von nur einem achtwöchigen Aufenthalt eingegangen war — eine Bedingung, von der er hoffte, das würde nicht akzeptiert —, sagte er zu und unterschrieb. Furtwängler war unglücklich, wieder so viel Zeit abgegeben zu haben. Als die Presse in USA von dem Engagement hörte, brach der Sturm los. Furtwängler erhielt kompakte Drohbriefe, ebenso auch das Orchester. Vor dem Konzertsaal wurde demonstriert, und vor allem erhielt die Orchesterleitung Briefe von namhaften Dirigenten und Solisten, die nie mehr in Chicago musizieren wollten, wenn Furtwängler dort leitender Dirigent würde. Ich erwähne das alles nur, um eine Seite seines Charakters zu zeigen. Furtwängler, der unglücklich war, sich für acht Wochen in USA gebunden zu haben, frohlockte nicht, als die Direktion des Orchesters ihn bat, unter dem Druck der Ereignisse von seinem Vertrag zurückzutreten. Jetzt wollte er kämpfen, die Menschen überzeugen. Yehudi Menuhin stand ihm zur Seite und telegraphierte nach Chicago, daß er nicht mehr dort spielen wolle, wenn nicht alles geklärt würde. In der Presse ließ er folgendes veröffentlichen: »I have never encountered a more brazen attitude than that of three or four of the ringleaders in their frantic and obvious efforts to exclude an illustrious colleague from their happy hunting grounds. I consider their behavior beneath contempt.« Der Präsident des Orchesters bat Furtwängler, doch seine Schwierigkeiten zu verstehen, aber dieser hatte sich entschlossen, das Ganze auszufechten. Die Zentrale der Gegner war stärker, es war dieselbe wie 1927, sie schaltete James Petrillo ein, den Präsidenten der amerikanischen Musikgewerkschaft. Es stand fest, daß die Gewerkschaft Furtwängler die Arbeitsgenehmigung verweigern würde. Das war Ende Januar 1949, der ganze Spuk dauerte ein halbes Jahr. Er kostete Kraft und Nerven, über allzu viel verfügte Furtwängler nicht mehr.

Nun reiste Furtwängler abwechselnd mit den Berlinern und Wienern ins europäische Ausland, einmal sogar bis nach Ägypten. Nicht nur in seinen Interpretationen hatte sich etwas verändert, auch das Motiv für diese Reisen war ein anderes geworden. Bei einem Interview äußerte er sich dazu: »Die deutsche Symphonik gilt allmählich in der ganzen Welt und gerade auch in den romanischen Ländern als das, was sie ist: Inkarnation edelsten europäischen Geistes. Am wenigsten scheint man sich, so sonderbar es klingt, dessen in Deutschland selbst bewußt zu sein.« Furtwängler fühlte sich verpflichtet, nachdem seine Heimat durch den Nazismus so geschändet war, für das wahre Deutsche, an dem er nie zweifelte, zu werben. — In diesen Jahren schreibt er dem nach Kalifornien emigrierten ehemaligen Philharmoniker und Geiger Gilbert Back: »Wenn Sie schreiben, daß Sie Mozarts Streichquintette mit Goldberg, Graudan und Schuster spielen, bekomme ich ordentlich Heimweh nach Euch. Wie sonderbar ist doch das Leben, das uns alle so in die Welt zerstreut hat.« Man muß sich vorstellen, Furtwängler schreibt das an seine jüdischen ehemaligen Philharmoniker. Er denkt, dieses Heimweh bezieht sich auf die Zeit, wo alles noch intakt war, wo sie noch alle zusammengehört hatten, der deutschen Musik verpflichtet. Zur selben Zeit gibt es einige sehr kritische Äußerungen gegenüber seinem Volk. Er sagt: »Die Gefahr des Deutschen ist heute wie eh und je sein übergroßer Hang zur Objektivität. Was seine Stärke ist, ist zugleich, wenn übertrieben, sein Verhängnis. Wenn der Deutsche von sich selbst abstrahieren will, wenn er mit dem Kopf klüger sein will als mit dem Herzen, klüger, als er von Natur aus ist, dann verliert er recht eigentlich den Zugang zu sich selbst und wird unproduktiv. Und das ist es, was wir leider so vielfältig heute erleben.« Häufig hat er gesagt: »Wenn Wagner ein Franzose wäre, wie würde er von den Franzosen geliebt und verehrt werden. Wir Deutschen haben eigentlich nur noch kritische Worte über den Komponisten Wagner.« Oder: »Offen heraus gesagt, im allgemeinen weiß kein Volk seine Großen weniger zu schätzen als die Deutschen. Kein Volk ist seit jeher mehr belastet durch Selbstkritik am unrechten Ort, durch Minderwertigkeitsgefühle am falschen Platz, was das Gegenteil ebenfalls am unrechten Ort nicht ausschließt.«

Daß Furtwängler in Deutschland starb und nicht in der Schweiz, die er liebte, der er sehr viel verdankte, die sein Wohnsitz wurde, und wo er glücklich war, erschien mir immer bedeutsam und richtig.

Persönliche Erinnerungen
jenseits der Programme

Bevor ich Furtwängler heiratete, hatte ich schon eine sehr glückliche Ehe geführt. Im Jahre 1940, während des Frankreichfeldzuges, war mein Mann gefallen. Wir hatten bald nach meinem Abitur geheiratet, hatten drei Kinder, das vierte Kind wurde fünf Monate nach dem Tod des Vaters geboren.

Durch meine Schwester, mit der Furtwängler sehr befreundet war, lernten wir uns kennen. Keiner von uns hatte die Begegnung vorausgesehen; 1943 heirateten wir; Freunde, die von diesem Heiratsplan hörten, schrieben Warnbriefe, hauptsächlich wohl wegen der vier Kinder, die damals elf, acht, fünf und zweieinhalb Jahre alt waren. Ich verstand das, und es bedrückte mich, während es ihn erheiterte und zu dem Ausspruch veranlaßte: »Ich werde verkünden, daß ich Dich w e g e n der Kinder heirate, dann wird Ruhe sein.« Die standesamtliche Eheschließung fand in Potsdam statt, Wilhelm lebte dort in der Fasanerie am Ende des Parks von Sanssouci. Niemand kannte das Datum, und nur unsere beiden Trauzeugen waren zugegen: der alte

Freund und Thomaskantor Karl Straube und Frau Suse Brockhaus, mit der Wilhelm schon seit der Zeit, als er Dirigent des Gewandhauses in Leipzig war, befreundet war. Sein standesamtlicherseits verlangtes »Ja« war so laut, daß es sicher im Flur zu hören war und uns alle etwas erschreckte. Danach fuhren Karl Straube und Wilhelm nach Berlin zur Probe in die Philharmonie, und wir Frauen gingen durch den Park zur Fasanerie. — Es war Krieg, und an der Spitze saßen die Nazis, und hier ging ich durch den vorsommerlich grünen Park, der tiefen Frieden vortäuschte. Keiner von uns war vorbereitet auf das Schicksal, das uns in dieser düsteren Zeit eine solche Liebe zugedacht hatte. Wie groß muß die Überzeugung gewesen sein, daß wir zusammenpaßten und -gehörten, daß wir den Mut hatten, eine Ehe zu gründen. Beide waren wir uns der Verantwortung, die damit verbunden war, bewußt.

Ich lebte zu der Zeit noch in meinem Haus in Wiesbaden. Da die Bomben dichter fielen und ein Übersiedeln mit Kindern in Richtung Berlin nicht ratsam war, fand Wilhelm in Österreich eine Wohnmöglichkeit für uns alle auf dem Gut einer Freundin der Familie Furtwängler. Wilhelm hatte dort einen herrlichen Arbeitsraum, einen Barocksaal im obersten Stock des Schlosses, von dem man weit in die oberösterreichische Landschaft sah. Für die drei kleinen Kinder war es auch sehr schön, aber der Elfjährige mußte täglich mit einem kleinen Bummelzug nach Linz ins Gymnasium fahren. Als der Zug im Mai 1944 von amerikanischen Tieffliegern beschossen wurde, schickte ich Peter nach Unterfranken zu meinem Bruder, wo er liebevoll aufgenommen wurde.

Wilhelm führte seine Konzerte in Berlin und Wien weiter durch, und ich begleitete ihn, so oft es möglich war, hauptsächlich nach Wien, denn in Berlin wußte ich ihn hervorragend betreut. Dort wirkte in der Fasanerie seit vielen Jahren die treue Helene, die mit Berliner Schlagfertigkeit ihren »Meester« — so sprach sie von ihm — vor unerbetenen »Gästen« zu beschützen wußte und hervorragend für sein leibliches Wohl sorgte.

Im Sommer 1944 war er von Luzern zu den Festwochen eingeladen, er nahm mich mit meinem jüngsten Sohn mit, mit dem ich dann, wie schon berichtet, allein in der Schweiz zurückbleiben mußte. Im November wurde unser Sohn Andreas geboren; im Februar 1945 gelang es Wilhelm, durch die Einladung Ansermets in die Schweiz einzureisen. Wir konnten in der Zeit nie telefonieren, jeder Brief brauchte mindestens vier Wochen. Ich konnte in regelmäßigen Abständen telegraphieren, daß es uns gut ginge; er aber konnte das nicht. So erhielt Wilhelm jedenfalls pünktlich am 11. 11. die Nachricht von der Geburt seines Sohnes. Unsere Trennung dauerte sechs Monate, die von meinen drei älteren, in Deutschland zurückgebliebenen Kindern drei Jahre. Vom Genfer See hatte mir Wilhelm schon lange, bevor ich den Lac Léman zum ersten Mal sah, immer als von dem schönsten See überhaupt begeistert erzählt, und dorthin führte uns das Schicksal. Clarens war der Ort, der uns aufnahm, und wo wir blieben, als Wilhelm wieder arbeiten konnte, und wo er kurz vor seinem Tode ein Haus kaufte, in dem ich heute noch wohne.

Diese zweieinhalb Jahre Exil waren nicht nur negativ. Wilhelm wunderte sich, daß er unter diesen Umständen, diesem seelischen Druck, doch gut arbeiten konnte. Ich hatte mit den sehr kleinen Kindern genug zu tun. Vor allem durfte ich meine Heiterkeit nicht verlieren. Sie war die ständige Quelle der Erfrischung, die für ihn nötig war. Wenn ich einmal allein war, wunderte ich mich, woher ich die Kraft nahm, denn die Trennung und das Ohne-Nachricht-Sein von meinen Kindern waren ein ständiger Druck auf meinem Herzen.

Eines Nachts sprach er mich an, wohl fühlend, daß ich wach lag: »Du sollst wissen, daß ich weiß, was Dich bedrückt, wenn Du auch nie davon sprichst. Du darfst nicht den Glauben verlieren, wir werden alle wieder vereint sein, ich werde alles dafür tun.« Es war im Ton größten Ernstes gesagt, es kam ganz überraschend und war ein wunderbarer Trost.

Hierher gehört ein Erlebnis Jahre später, als wir 1948 von London nach Buenos Aires mit einer viermotorigen Propellermaschine flogen. Die Piloten waren kanadische Kriegsflieger, die sich erst daran gewöhnen mußten, Zivilpassagiere zu befördern. Ich hatte zu der Zeit noch eine panische Angst vor der Fliegerei, die ich natürlich zu verheimlichen suchte. Als wir nach der vierten Zwischenlandung von Rio starteten, flog die Maschine so schräg, den Zuckerhut unter uns lassend, an dem Berg mit dem überdimensionalen Christus vorbei, daß — es wurde gerade serviert — das Geschirr mit den Tabletts zu Boden fiel, und die eleganten, in Rio zugestiegenen Argentinierinnen aufkreischten. Wilhelm meinte sehr ruhig und flugerfahren, aber nicht gerade beruhigend für mich: »Vielleicht müssen wir zum Flughafen zurück, es scheint etwas nicht in Ordnung.« Ich saß verkrampft, versuchte mich zu konzentrieren, woran mich der den Papageien ähnliche Lärm der Südamerikanerinnen hinderte. Wilhelm sah mich an: »Liebste, hast du Angst?« Hier war nichts mehr zu leugnen. »Wir sind doch alle in Gottes Hand!«, so ruhig, so vertrauend, dabei hatte er schon zwei Flugzeugunglücke erlebt. Das Flugzeug landete später pünktlich und »schneidig« in Buenos Aires. Ich habe längst gelernt, ohne Angst und mit Vergnügen zu fliegen. »Wir sind alle in Gottes Hand« ist mir eine Hilfe geworden, nicht nur beim Fliegen.

Unsere erste Bleibe in Clarens waren zwei Klinikzimmer, eigentlich nur ein Einbettzimmer, in dem die beiden Jungens schliefen, mit einer für sie praktischen, kleinen Loggia davor. Uns hatte Dr. Niehans seinen »Empfangssalon« zur Verfügung gestellt, in dessen Mitte zwei weiße Klinikbetten für uns geschoben wurden. Das war sehr hilfreich, denn dieser Raum wurde nicht berechnet. Aber er war schrecklich möbliert. Über unseren Betten hing ein gewaltiger Bronzelüster mit dicken flammengeformten Gläsern, in denen die kleinen Birnen etwas verloren brannten. Wilhelm teilte nicht meine Sorge, daß der Lüster uns je im Tode vereinen würde. Eine Wand bedeckte ein Riesenölbild fast vollständig; im breiten, üppig gedrechselten Goldrahmen schaute mordhungrig eine lebensgroße Judith, den Dolch in der schneeweißen Hand, uns an — tiefdunkelblaues Gewand und natürlich kohlrabenscharzes Haar; Holofernes konnte ich nicht entdecken, da der Rest des Bildes zu dunkel war. Wilhelm versuchte, Judiths Haltung und Gesichtsausdruck nachzuahmen, bis ich mein beklemmendes Gefühl, in dieser Nachbarschaft leben zu müssen, überwand und lachen mußte. So lernte ich, über Dinge hinwegzusehen, die nicht zu ändern waren. Wilhelm hatte sich in unserem »Schlaf-Empfangssalon« einen kleinen Tisch ans Fenster geschoben und arbeitete, d. h. komponierte da, mit dem Rücken gegen die blutrünstige Judith.

Daß wir für Privates kein Geld hatten, bedrückte ihn überhaupt nicht, es war ja die herrliche Landschaft da. Auf die Berge zu gehen war er von Kind auf gewöhnt, es war seine große Freude. Er erzählte mir von seinem Vater, der mit seinen beiden Söhnen lange Wanderungen machte, und den es dabei gar nicht interessierte, wenn die Kleinen zweimal soviel Schritte machen mußten, um mitzukommen; aber die Söhne verübelten es dem Vater nicht, fanden es selbstverständlich. Die wahrhaftige, uneitle, arbeitsame Art des Vaters blieb für seinen ältesten Sohn beispielhaft. Die Kindheit von Wilhelm war sehr glücklich, er ist nicht verwöhnt worden, aber von beiden Eltern sehr verstanden und geliebt. Ich habe nur gute, anerkennende Worte über seinen Vater gehört und bewundernde, manchmal auch mit nachsichtigem Lächeln, über seine Mutter.

Auf seinen Spaziergängen in Clarens hatte er das Glück, von einem Hamburger Reeder erkannt zu werden. Herr Rickmers, der hier im Ruhestand lebte, bewohnte nicht mehr sein großes Haus. Er hatte sich in ein kleineres, am Rande seines Parks, zurückgezogen und bot Wilhelm sein Musikzimmer im großen Haus zum Arbeiten an, und später auch mir und den Kindern den Aufenthalt in seinem großen Garten. Das bedeutete eine große Verbesserung für unser Leben. Ich freundete mich sehr mit seiner jüngsten Tochter an, die später, bis zu ihrer Heirat, Wilhelms Sekretärin wurde. Als Wilhelm wieder arbeiten durfte, ergab es sich, daß wir die Villa l'Empereur 1947 mieten konnten; dort verbrachten wir glückliche Zeiten.

Einstweilen hockten wir aber noch abends vor einem alten Radioapparat in einem winzigen Raum neben dem Büro der Klinik, um die Nachrichten zu hören, nur von einem Gedanken erfüllt, daß der Krieg bald beendet sein möge. Die Leiterin der Klinik war in diesen Monaten sehr hilfreich — jetzt ist sie längst eine gute Freundin der Familie —, denn natürlich waren wir als Deutsche nicht sehr beliebt. Mit der Zeit überwanden Wilhelms Charme, meine Freundlichkeit und die hübschen, liebenswürdigen Kinder die Abneigung auch der grimmigsten Schwester. Leicht war es im Anfang nicht, auch nicht für die Leiterin Mlle Nicodet, die wegen ihrer Bereitschaft, uns zu helfen, selbst angefeindet wurde.

Im November 1945 jährte sich der Geburtstag von Andreas, und ich fand es an der Zeit, ihn taufen zu lassen. Als ich das Wilhelm mitteilte, sah er mich erstaunt an: »Ja, aber wir sind ja gar nicht getraut!« Ich erklärte ihm, daß das keine notwendige Voraussetzung für die Taufe wäre, und rief ihm ins Gedächtnis, mit welcher von ihm gewollten Stille wir damals geheiratet hätten. »Ja, das war damals, aber hier kennt uns niemand, hier können wir uns genauso heimlich trauen lassen.« Und so geschah es in der kleinen

Eglise-Libre in Montreux. Der Pfarrer, die Kirchendienerin und wir waren die einzigen Anwesenden. Der Trautext wurde französisch gesprochen, und wir sagten »oui« anstatt »ja«. Wilhelm war sehr bewegt, und seine Ergriffenheit übertrug sich auf mich. Als der Pfarrer hinausging, um Täufling und Paten zu holen, sagte Wilhelm nachdenklich: »Bei den Katholiken ist die Trauung ein Sakrament.«

1945 begann der schon geschilderte Kampf um die Rehabilitierung und anschließend das bekannte Leben eines Dirigenten. Während der stillen Jahre, als wir noch häufig einen Abendspaziergang machten, meinte er: »Trotz aller Schwierigkeiten werden wir uns noch später nach dieser Zeit zurücksehnen«; und nach den ersten Konzerten in Italien, »wir müssen aufpassen, daß ich nie mehr so viel dirigieren muß«. An Suse Brockhaus schreibt er in den Tagen: »Ich selber bin durch das Dirigieren etwas verwirrt. Ich kann es zwar noch, aber bin doch innerlich sehr gründlich damit fertig.« Das Aufpassen nützte nichts, das Schicksal nahm seinen Lauf.

Bevor ich zum Ende komme, möchte ich noch vom letzten Zusammentreffen mit Richard Strauß berichten. Im Spätsommer 1948 läutete das Telefon, eine Stimme teilte mit, daß Richard Strauß zur Beobachtung im Hospital von Montreux läge und Furtwängler zu sprechen wünsche. Wilhelm kam glücklich, ja das ist das richtige Wort, glücklich von diesem Krankenbesuch zurück. Diese so verschiedenen Männer hatten auch Gemeinsames. Damit meine ich nicht, daß sie beide sehr groß waren und keinen üppigen Haarwuchs hatten, schon eher die blauen Augen mit dem häufig abwesenden Blick. Aber sie liebten beide Mozart und bewunderten Wagner grenzenlos. Furtwänglers Lieblingsopern von Richard Strauß waren *Elektra* und *Ariadne auf Naxos*, *Salome* fand er einen großen Wurf, dem allseitig beliebten *Rosenkavalier* konnte er nicht so viel abgewinnen, und für manches andere fehlte ihm der Sinn. Furtwängler war gewiß klug, aber nicht geistreich, er hatte viel Sinn für Humor, aber keinen für Ironie. Der scheue, verschlossene Furtwängler, der neben dem vorherrschend Allemannischen doch auch Norddeutsches hatte, und das sicher auf der Erde stehende Genie bayerischer Herkunft waren doch in vielem sehr verschiedene Naturen. Nach diesem Krieg schrieb Richard Strauß zwei Kompositionen, die wieder Furtwänglers volle Anerkennung und Bewunderung hatten. Die *Metamorphosen*, 1945, und die *Vier letzten Lieder*, die Furtwängler 1950 nach Richard Strauß' Tod mit Kirsten Flagstadt in London uraufführte. Alles, was Furtwängler an manchen Werken störte, war abgefallen. Es ist müßig zu fragen, ob Strauß ohne die Kriegsjahre so etwas noch geschrieben hätte. Furtwängler bewunderte auch daran die

151

Kraft des alten Mannes, noch zu wachsen, noch etwas Neues geschaffen zu haben.

Als Furtwängler das Krankenzimmer betrat, saß Richard Strauß im Bett mit einer größeren Partitur auf den Knien. Er winkte Furtwängler heran: »Sehen Sie sich das an!« Es war der *Tristan*. Das also wollte Strauß an diesem Tage: Mit einem Gleichgesinnten und Kenner über den *Tristan* sprechen, und sie taten es ausführlich. Schade, da hätte ein Tonband mitlaufen sollen. Zum Schluß sagte Strauß: »Ich bin dagegen schon ein Abstieg!«, und auf Furtwänglers Antwort: »Na, na, aber was sagen Sie zu den Heutigen und Kommenden?« »Ach, wissen's, das schau ich mir dann bald von oben an.« Ich wiederhole, Wilhelm kam glücklich von diesem Krankenhausbesuch zurück. Die kühle, weise Gelassenheit des großen Mannes beeindruckte ihn. Furtwängler war ja dem Leben gegenüber nie gelassen, er war immer G e f a n g e n e r in der jeweiligen Situation, die er trotzdem oft meisterte, aber immer von innen, und das erforderte sehr viele Kräfte.

Nachdem Furtwängler in London den *Tristan* aufgenommen hatte, erkrankte er 1952 in Salzburg bei der Hauptprobe zu *Figaros Hochzeit*. Es kam wie ein Blitzschlag; als ich ihn nach Aigen — wo wir während der Festspiele immer wohnten — fuhr, schien er mir schon ohne Bewußtsein. Es war eine Lungenentzündung mit allerhöchstem Fieber. Er wurde ins Krankenhaus nach Berchtesgaden gebracht, und zwei Ärzte aus München wurden hinzugezogen, die mir nach der Untersuchung wenig Hoffnung machten, da sie auch noch eine Meningitis vermuteten. Wilhelm dachte aber nur an die Aufführung, die er im Stich lassen mußte, und ließ hinter dem Rücken der Ärzte seine Sekretärin kommen. Er diktierte trotz des hohen Fiebers an seine »Gräfin«, Elisabeth Schwarzkopf, und seine »Susanne«, Irmgard Seefried, wie an den einspringenden Dirigenten, Rudolf Moralt, je ein kurzes Briefchen, in dem er sich entschuldigte und Glück für die Premiere wünschte. Als das der Arzt erfuhr, war er mit Recht fuchsteufelswild, aber es war geschehen. Wilhelm hatte — wie er mir später berichtete — überhaupt nicht den Eindruck, daß er sterben müßte, im Gegenteil, ihm sei ganz wohl gewesen. Jedenfalls — ganz im Gegensatz zu den Wochen vor seinem Tod — dirigierte er. Er dirigierte ja immer, wenn er ein Werk vor sich hatte, mit oder ohne Partitur, dann ging er dirigierend durch das Zimmer, aber auch bei seinen Spaziergängen begann er plötzlich damit, selbst im Zug vergaß er, daß noch jemand im Abteil war. So hörte ich einmal in Rom, wie zwei Hotelangestellte, als sie ihn im Garten dirigierend gehen sahen, sagten: »Il povere Maestro a un tico nervoso.« Er war sich klar, daß sein oft belächelter und kritisierter Stil, mit dem er aber letzten Endes diese einmaligen Aufführungen erreichte, immer wieder auf Deutlichkeit kontrolliert werden mußte.

Schon während der Lungenentzündung, die vier Monate mit ihren verschiedenen Folgeerscheinungen dauerte, entdeckte er, daß sein Gehör plötzlich nachgelassen hatte. »Sprich lauter, ich glaube, ich habe wirklich mein Gehör verloren.« Es war ein großer Schock. Zwei Dinge kamen zusammen: Sein Vater war sehr früh schwerhörig geworden, und die starke Dosis Antibiotica, deren Nebenwirkungen und ihre Beherrschung damals noch nicht genügend erforscht waren. Mit fortschreitender Gesundung besserte sich auch sein Gehör; ich konnte das gut beobachten, da ich ihm in dieser Zeit unter anderem die ganze *Odyssee* vorlas. Aber es war doch der erste große Einbruch. Es folgten Wochen des Kampfes zur Rückgewinnung seiner Gesundheit. Ein Trost, er konnte in dieser Zeit seine dritte Symphonie fast fertigstellen.

Man muß wissen, Furtwänglers Konzerte waren keine Kurzprogramme, wie man sie heute häufig erlebt, es waren niemals Konzerte unter 80 bis 90 Minuten. Es war fast immer eine große Symphonie und ein ausgewogener erster Teil, der ebenso lang war. Um es kurz zu sagen, er schonte sich nie. Ich muß ein Gefühl der Bitterkeit unterdrücken, wenn ich daran denke, wie er in den letzten zwei Lebensjahren ausgenutzt wurde. Überall sollte er sich schonen, das fanden alle, nur nicht bei ihnen. Alle wollten ihn haben, alle waren eigentlich immer gekränkt, fühlten sich benachteiligt. Dazu kam noch seine Eigenschaft, schwer »nein« sagen zu können.

Am 15. Januar 1953 begann seine Tournee mit den Berliner Philharmonikern mit seiner Symphonie in e-Moll durch sechs deutsche Städte, das letzte Konzert war am 20. Januar in Bielefeld. Am selben Abend nahm er den Nacht-zug von Hannover nach Wien. Am 23. Januar dirigierte er dort die neunte Symphonie von Beethoven. Er hatte sich wohl auf der Reise erkältet, und im dritten Satz fiel er zum Entsetzen des Chors und des Publikums langsam um. Er sagte mir, als er wieder erwachte, hätte er sofort überlegt, an welcher Stelle er wieder weiterdirigieren wolle. Das wurde natürlich nicht erlaubt, er hatte eine Grippe mit hohem Fieber. Aus Angst, daß sich vielleicht wieder eine Lungen-entzündung entwickeln könnte, gab man ihm wieder — übrigens gegen seinen ausdrücklichen Willen — Antibiotica. Am 23. Januar war er zusammengebrochen; bereits am 8. Februar dirigierte er in Berlin. Das Konzert wurde dreimal wiederholt. Alle seine Berliner Konzerte wurden dreimal wiederholt. Am 10. Februar war das dritte Konzert, und schon flog er nach Wien zurück, um dort am 15. Februar Szenen aus der *Götterdämmerung* konzertant zu dirigieren. Das bedeutete drei Tage Proben mit Orchester und Sän-

gern. Wenn man von diesen Tagen an bis zu seinem Tode
sein Arbeitsprogramm sieht, wird man die Sorge und Angst,
die mein Herz bedrückte, verstehen.

Das Jahr 1954 begann er wieder mit einer Grippe, die ihn
drei Wochen in Baden-Baden festhielt. Von März bis Oktober hatte er 54 Konzerte und 10 Opernabende in 21
verschiedenen Städten mit neun verschiedenen Orchestern.
(Das Letztere erwähne ich nur, weil ich kürzlich las, Furtwängler wäre so taub gewesen, daß er nur noch seine
eigenen Orchester hätte dirigieren können.) Als Belastung
kam dazu noch ein Flug nach Venezuela im überfüllten
Propellerflugzeug. Während der Salzburger Festspiele mit
einer Neueinstudierung des *Freischütz* kam der Abstecher
nach Bayreuth, um die Neunte von Beethoven zu dirigieren;
am Abend darauf stand er schon wieder für den *Don Giovanni* am Pult. Am Ende der Festspiele fuhr er für drei
Konzerte nach Luzern und wieder nach Salzburg zurück.
Der *Don Giovanni* wurde als Film aufgenommen, danach
kam noch das Schlußkonzert der Festspiele.

Leider hatte er auch noch versprochen, bei den Beetho-
ven-Festspielen in Besançon zu dirigieren. Die Proben begannen am 4. September, so war er ganze drei Tage zu
Hause in Clarens, und schon ging es im Auto nach Besançon. Am 6. September war das Konzert mit einem typischen
Furtwängler-Programm: *Coriolan*-Ouvertüre, *Pastorale*,

fünfte Symphonie. Am 19. und 20. September dirigierte er während der Berliner Festwochen seine zweite Symphonie. Die Aufregungen, die immer damit verbunden waren, wenn er ein eigenes Werk dirigierte, ließen ihn — wie schon erwähnt — an diesem Tag schlecht hören und vergrößerten seine Nervosität. Nach diesen Berliner Konzerten kam er seiner Verpflichtung nach, in Wien die gesamte *Walküre* für die EMI aufzunehmen. Frei von den Aufregungen um sein eigenes Werk, konnte er wieder gut hören. Ich weiß noch genau, wie glücklich er darüber war, und wie er sich während der Aufnahmen direkt verjüngte. In den letzten zwei Jahren machte ich häufig die Beobachtung, daß die von ihm bejahte Musik eine Energiequelle für ihn war.

Von Wien aus gingen wir nach Gastein, weil er gehört hatte, er könnte sein Gehör dort durch eine Kur verbessern. Vielleicht war er dadurch auch überanstrengt, jedenfalls erkältete er sich auf der Rückfahrt von Gastein nach Clarens und war sehr elend. Aber er war nicht dazu zu bewegen, ins Bett zu gehen, sondern dachte wie immer, er könne alles mit Laufen und Spazierengehen in Ordnung bringen. Die Erkältung verschlechterte sich, und in der Nacht zum 6. November weckte er mich und sagte zu mir: »An dieser Erkrankung werde ich sterben, es wird ein sehr leichter Tod sein, bleibe Du nur jetzt immer bei mir.« Niemals hatte er Ähnliches gesprochen; es hinderte ihn auch nicht, gegen meinen Willen am nächsten Morgen aufzustehen, sich anzuziehen und spazieren zu gehen. Und doch war eine Veränderung eingetreten. Er las zwar aufmerksam in seiner zu der Zeit fertig kopierten dritten Symphonie, hörte sich auch die erschienenen *Fidelio*-Platten an, aber er war nicht fähig, wie sonst zu arbeiten. Er saß im Sessel, unterhielt sich mit den Kindern über deren Spiele und Bücher, alles Dinge, die er sonst nur am Rande tat; sie waren jetzt der Mittelpunkt seiner Beschäftigung. Ich war zutiefst beunruhigt und telefonierte mit seinem Arzt, Dr. von Löwenstein, in Baden-Baden und bat ihn, doch zu kommen. Er kam sofort und stellte eine Bronchopneumonie fest. Zu meinem Erstaunen konnte ich Wilhelm leicht dazu bewegen, mit mir im Auto nach Baden-Baden in die ihm bekannte Klinik zu fahren. So fuhren wir bei strahlender Spätherbstsonne am 12. November nach Baden-Baden. Als ich ihn dort im Bett liegen sah, war ich sehr erleichtert, aber obwohl wir allein im Zimmer waren, sagte er leise zu mir: »Weißt du, alle glauben, ich bin hierher gekommen, um gesund zu werden. Ich weiß, ich bin hierher gekommen, um zu sterben.« Sein Arzt, dem ich die Bemerkung nicht verschwieg, wehrte ab: »Nein, davon ist gar keine Rede, heutzutage stirbt man nicht mehr an einer Bronchopneumonie, besonders wenn das Herz gut ist. Dagegen gibt es genug Mittel.«

In den ersten Tagen mußte ich ihm sehr viel vorlesen. Er

diktierte auch noch seiner Sekretärin ein paar Briefe der Entschuldigung, denn er sollte ja in München in der Bayerischen Akademie einen Vortrag halten, den er fertig geschrieben hatte. Auch wollte er zu der Aufführung seiner zweiten Symphonie nach München gehen, die Jochum dort zur selben Zeit mit dem Bayerischen Rundfunkorchester vorbereitete. Es kamen noch verschiedene Besucher, zu denen er sehr freundlich war, aber ich merkte, es ging ihn alles nichts mehr an. Am liebsten war er allein mit mir und dabei durchaus heiter. Er gab mir Ratschläge für mein Leben ohne ihn: »Du schaffst das schon, Liebste«, meinte er zuversichtlich, »und alle Deine Sorgen besprich mit unserm Freund Walter Strebi, er ist der Rechte.«

Was mir am meisten auffiel, er dirigierte nicht mehr. Dieses mir so vertraute, leise vor sich Hinsummen und Dirigieren geschah nicht ein einziges Mal mehr. Er war fest konzentriert auf das Sterben, und das ohne die geringsten Anzeichen von Angst. Ich hatte Sorge, er würde vielleicht anfangen, über seine nicht vollendeten Kompositionen zu sprechen. Von all dem, was ihn doch bis dahin so sehr bedrückte, kam nichts zur Sprache, es bewegte ihn anscheinend nicht mehr. Der Intendant der Berliner Philharmoniker, Gerhart von Westermann, sollte kommen. Der Arzt sagte: »Wissen Sie, Ihr Mann hat gerade heute etwas höheres Fieber, lassen Sie den Herrn eine Woche später

kommen.« Als Wilhelm mich fragte: »Kommt Westermann morgen?«, sagte ich ihm, daß er auf ärztlichen Rat
eine Woche später kommen solle. Das war der einzige
Augenblick, wo er unwillig wurde. »Nein, das war unrecht
von Dir, er muß morgen kommen, denn in einer Woche lebe
ich nicht mehr.« Und so kam Herr von Westermann. Ich
bereitete ihn kurz vor, daß Wilhelm wahrscheinlich vom
Sterben reden würde, und er bitte gefaßt sein müsse. Westermann betrat voller Schwung das Zimmer und wollte
gleich von den letzten Berliner Konzerten berichten. Wilhelm winkte ab: »Lieber Westermann, ich habe Sie kommen lassen, um Abschied von Ihnen zu nehmen und Ihnen zu
danken, und Sie sollen bitte mein Orchester von mir grü-
ßen.« Westermann vergaß meine Warnung und fing an zu
schluchzen, worauf Wilhelm sagte: »Wissen Sie, die Programme für die Amerikatournee« — die ja im Januar statt-
finden sollte —, »die gefallen mir gar nicht, da müssen wir
Änderungen vornehmen.« Westermann, ganz glücklich und
wieder gefaßt: »Selbstverständlich, was wollen Sie geändert haben?«, holte Papier und Bleistift, und sie sprachen
kurz über die Programme. Dann führte ich den getrösteten
Westermann aus dem Zimmer. Als ich wieder hereinkam,
lächelte mir Wilhelm zu: »Hast du gesehen, wie ich sein
Weinen aufgehalten habe?«

Eines unserer letzten Gespräche war über die Nächstenliebe, und er sagte, daß Jesus die Nächstenliebe den Menschen gebracht hätte, und daß die Nächstenliebe das große Neue der christlichen Religion wäre. Von jetzt ab sprach er weniger.

Es wurde noch der Internist Professor Ferdinand Hoff aus Frankfurt hinzugezogen, weil es offensichtlich gegen jede ärztliche Voraussage schlechter ging. Hoff schreibt in seinen Memoiren, daß er die Erfahrung gemacht hätte, ein Arzt könne wenig ausrichten, wenn der Kranke sich entschieden hätte, sterben zu wollen, und nennt Furtwängler als Beispiel. Obwohl mir Dr. von Löwenstein am Morgen des 30. November sagte, daß Wilhelm noch an diesem Tage sterben würde — das Blutbild würde es zeigen —, wurde noch einmal eine Transfusion mit bisher nicht angewandten Mitteln durchgeführt, die eine Stunde dauerte. Ärzte und Schwestern füllten das Zimmer, und ich verließ Wilhelm zum ersten Mal für diese Zeit, denn auch während der Nacht war ich immer bei ihm. Als ich wieder hereinkam, waren alle Vorrichtungen abtransportiert. Ich ließ die Schwester hinausgehen, setzte mich auf den Bettrand und gab ihm die Hand. Ich weiß nicht, wie lange, mir erschien es kurz, bis er plötzlich sich ein wenig anhob, tief ein- und lang ausatmete und gestorben war.

Seltsamerweise war mein erstes Gefühl das der Dankbarkeit. Er lag schön und ruhevoll. Niemand würde ihn mehr

161

verletzen können. Es wurde mir ganz klar, daß alle diese Jahre für ihn Kampf bedeutet hatten, und daß er keine Kraft mehr besaß, ihn weiter zu bestehen. Alles Glück war aus der Musik gekommen, die er befürchten mußte, vielleicht bald nicht mehr hören zu können. Wenn ich heute davon spreche oder daran denke, muß ich mit den Tränen kämpfen. Damals war das nicht der Fall. Ich fand das Schluchzen von Herrn von Westermann unbegreiflich. Die Stärke, den Tod bestehen zu wollen, erleben zu wollen, war so groß, daß etwas davon auch auf mich überging. Das Erlebnis dieser drei Wochen, seine Konzentration auf den Tod, ließ keine eigenen Wünsche aufkommen; alles, was er verlangte, war meine Gegenwart, ohne Ablenkung durch egoistische Gefühle, und sei es nur die der Trauer.

Als ich nach Clarens zurück kam, besuchte mich Ernest Ansermet. Er, der Ältere, wollte wissen, wie sein Freund gestorben sei. Ich meinte zum Schluß, daß der plötzlich eintretende Tod mir immer als wünschenswert erschienen wäre. Das Sterben Furtwänglers aber hätte mich belehrt, daß der akzeptierte Tod das Erstrebenswerte sei. Ansermet antwortete nach einer Pause: »Ja — aber man muß es können. — Er hat es gekonnt.«

Quellen- und Literaturverzeichnis

Berrsche, Alexander: Trösterin Musica. München 1942

Brendel, Alfred: Nachdenken über Musik. München 1977

Curtius, Ludwig: Deutsche und antike Welt. Lebenserinnerungen.
Stuttgart 1950

Furtwängler, Wilhelm: Dokumente, Berichte und Bilder. Berlin 1968

Furtwängler, Wilhelm: Gespräche über Musik. Wiesbaden 1978

Furtwängler, Wilhelm: Ton und Wort. Aufsätze und Vorträge.
Wiesbaden 1954

Gavoty, Bernhard und Roger Hauert: Wilhelm Furtwängler. Genf 1955

Geissmar, Berta: Musik im Schatten der Politik. Zürich 1948

Gieseking, Walter: So wurde ich Pianist. Wiesbaden 1963

Gillis, Daniel (Hrsg.): Furtwängler and America. New York 1970

Gillis, Daniel (Hrsg.): Furtwängler Recalled. Zürich und New York 1965

Herzfeld, Friedrich: Wilhelm Furtwängler. Leipzig 1941

Hürlimann-Kiepenheuer, Bettina: Sieben Häuser. Zürich

Hürlimann (Hrsg.): Wilhelm Furtwängler im Urteil seiner Zeit.
Zürich 1955

Hagemann, Carl: Bühne und Welt. Wiesbaden 1948

Mannheimer Theaterblätter 1919

Oboussier, Ferdinand: Berliner Musikchronik 1930—1938. Zürich

Oehlmann, Werner: Das Berliner Philharmonische Orchester. Kassel 1974

Olsen, H. Sm.: Wilhelm Furtwängler = Nationaldiskoteket Discographies
Nr. 211. Kopenhagen 1970

Olsen, H. Sm.: Konzertprogramme, Opern und Vorträge 1947—1954.
Wiesbaden 1972

Riess, Kurt: Furtwängler. Musik und Politik. Bern 1953

Riezler, Walter: Beethoven. 9. Auflage. Zürich 1966

Schenker, Heinrich: Beethovens Neunte Symphonie. Wien 1912
Schrenk, O.: Wilhelm Furtwängler. Berlin 1940
Specht, R.: Wilhelm Furtwängler. Wien 1922
Wackernagel, Peter (Hrsg.): Wilhelm Furtwängler. Die Programme der
  Konzerte mit dem Berliner Philharmonischen Orchester 1922–1954.
  Wiesbaden 1958

Personenregister

166

Bildnachweis. Wilhelm und Elisabeth Furtwängler: Hans Hagen, Salzburg. — Wilhelm Furtwängler: Lotte Meitner-Graf, London. — Wilhelm Furtwängler mit Sohn Andreas; Haus in Clarens: Elisabeth Furtwängler, Clarens.